DIE FEIER DES STUNDENGEBETES

EIGENFEIERN DES ERZBISTUMS MÜNCHEN UND FREISING

Authentische Ausgabe
für den liturgischen Gebrauch

Verlag Sankt Michaelsbund, München

APPROBATUM IMPRIMATUR
München, den 1. März 1980
† JOSEPH KARDINAL RATZINGER
Erzbischof von München und Freising

CONFIRMATUM
Datum Romae in Civitate Vaticana
Ex aedibus Sacrae Congregationis pro Sacramentis et Cultu Divino, die 8 Martii 1980, Prot. Nr. CD 415/80
† IACOBUS R. CARD. KNOX
Archiepiscopus
Praefectus
VERGILIUS NOÈ
a Secretis a.

APPROBATUM IMPRIMATUR
München, den 20. November 2007
† FRIEDRICH KARDINAL WETTER
Erzbischof
Apostolischer Administrator
des Erzbistums München und Freising
München, den 7. August 2015
† REINHARD KARDINAL MARX
Erzbischof von München und Freising

CONFIRMATUM
Datum Romae in Civitate Vaticana
Ex aedibus Congregationis de Cultu Divino et Disciplina Sacramentorum, die 12 mensis maii anno 2016, Prot. N. 519/15
Ex aedibus Congregationis de Cultu Divino et Disciplina Sacramentorum, die 29 mensis iunii anno 2016, Prot. N. 352/16
Ex aedibus Congregationis de Cultu Divino et Disciplina Sacramentorum, die 18 mensis iulii anno 2016, Prot. N. 520/15
† ROBERTUS CARD. SARAH
Praefectus
† ARTURUS ROCHE
Archiepiscopus a Secretis

INHALT

DIÖZESANKALENDER DES ERZBISTUMS MÜNCHEN UND FREISING

		Im Einflussbereich von Ilmmünster:
12. Nov.	g	Hl. Arsacius (3./4. Jh.) 96
15. Nov.	g	Hl. Marinus, Bischof, und hl. Anianus, Diakon, Glaubensboten in Bayern, Märtyrer (7./8. Jh.) 96
20. Nov.	H	HL. **KORBINIAN, BISCHOF IN FREISING,** Glaubensbote, Hauptpatron der Erzdiözese München und Freising (um 730) 101
12. Dez.	g	Sel. Hartmann, Bischof von Brixen (23.12.1164) 109
16. Dez.	g	Hl. Sturmius, Gründerabt von Fulda (17.12.779) 112

* Der nicht gebotene Gedenktag der sel. Edigna von Puch ist bereits in den Diözesankalender und das Diözesanproprium aufgenommen, vorbehaltlich der Aufnahme der sel. Edigna in das Martyrologium Romanum.

Zeichenerklärung

H	**HOCHFEST** (Sollemnitas)
F	FEST (Festum)
G	Gebotener Gedenktag (Memoria obligatoria)
g	Nichtgebotener Gedenktag (Memoria ad libitum)
GK	Generalkalender
RK	Regionalkalender

5. Januar

Hl. Johannes Nepomuk Neumann

Bischof, Glaubensbote

Johannes Nepomuk Neumann wurde 1811 in Prachatitz/Böhmen geboren, wanderte nach Nordamerika aus, um sich der Seelsorge an den Einwanderern zu widmen. Er trat als Priester in den Orden der Redemptoristen ein, wurde 1852 Bischof von Philadelphia und starb am 5. Januar 1860.

Commune, Stundenbuch I, S. 964 ff. (Hirten der Kirche).

LESEHORE

ZWEITE LESUNG

Johannes Nepomuk Neumann († 1860)

Aus einem Brief an einen priesterlichen Freund.

Der Glaubensbote in der Nachfolge des Herrn.

(Um) die Mühseligkeiten eines Missionars in Amerika nicht zu vergessen, muss ich sagen, dass sie vielfach und bedeutend sind; aber eben darum wird dieser Stand einem jeden erwünscht sein, der, wie ich, Gelegenheit sucht, die göttliche Gerechtigkeit wegen der begangenen Sünden zu versöhnen.
Die Gewalt, die sich der Missionar antun muss, ist ihm ein tröstliches Unterpfand des Himmelreiches. Die Mission unter den eingewanderten Deutschen, Franzosen und Irländern hat wohl nicht so viel Anziehendes, fast möchte ich sagen Abenteuerliches, wie die der Indianer – sie ist aber auch nicht so mühsam, und der Gedanke, dass man die Glieder des Leibes Christi pflege und nach dem Willen des göttlichen Meisters für die verlorenen Schafe des Hauses Israel sorge, lehrt unwillkürlich Demut und Liebe Gottes und seiner heiligen Kirche.

Es geschieht wohl gewöhnlich, dass jene Congregationen (Missionsstationen) die undankbarsten sind, die vorher am dringendsten um einen Seelenhirten flehten: in diesem schwierigen Falle muss es sich der Missionar zur Ehre machen, dass er dem lange und sehnlichst erwarteten Messias, der auch so übel aufgenommen wurde, in geduldiger Ergebung nachfolge.
Ein jeder, der sein Vaterland verlässt, um unserer heiligen Kirche in diesem Teil der Welt zu dienen, muss entschlossen sein, sein Leben so teuer wie möglich zu verkaufen: sein Wahlspruch muss sein: Aut pati aut mori (leiden oder sterben).

RESPONSORIUM

R Nehmt mein Joch auf euch, spricht der Herr, und lernt von mir; ich bin gütig und von Herzen demütig. * Mein Joch drückt nicht, und meine Last ist leicht.
V So werdet ihr Ruhe finden für euere Seelen. * Mein Joch drückt nicht, und meine Last ist leicht.

Oration Gott, unser Vater, du hast den heiligen Johannes Nepomuk Neumann zum Bischof berufen und ihn befähigt, deinem Volk in den Gemeinden Amerikas mit großer Liebe zu dienen. Höre auf seine Fürsprache und mache uns durch das Beispiel seiner brüderlichen Liebe bereit, stets die Gemeinschaft deiner Kirche zu stärken und wie er die jungen Menschen zu überzeugten Christen zu erziehen. Darum bitten wir durch Jesus Christus, deinen Sohn, unseren Herrn und Gott, der in der Einheit des Heiligen Geistes mit dir lebt und herrscht in Ewigkeit.

Oratio Deus, qui beátum Ioánnem epíscopum, pastorális servítio et caritáte insígnem, ad regéndum pópulum tuum in Américæ terris vocásti, eius intercessióne concéde, ut christiánam iúvenum educatiónem fovéntes et fratérnæ dilectiónis testimónio

roboráti, famíliam Ecclésiæ tuæ iúgiter augeámus. Per Dóminum nostrum Iesum Christum Fílium tuum, qui tecum vivit et regnat in unitáte Spíritus Sancti, Deus, per ómnia sǽcula sæculórum.

22. Januar

Hl. Vinzenz Pallotti

Priester

Vinzenz Pallotti wurde 1795 in Rom geboren. Nach seiner Priesterweihe setzte er sich mit ungewöhnlichem Eifer für das Heil seiner Mitmenschen und für die Werke brüderlicher Liebe ein. Er wollte die Kirche mit neuem Leben erfüllen und ihr neue Impulse geben. Unermüdlich setzte er sich dafür ein, alle katholischen Kräfte zu einem heiligen Wetteifer zu vereinigen und den Laien jeden Standes und Berufes ihre ureigenste Berufung zum Apostolat bewusst zu machen. Deshalb gründete er die Vereinigung des Katholischen Apostolates. Um sie zu fördern, rief er zwei Familien ins Leben: die Priester und die Laienbrüder sowie die Schwestern; beiden gab er in gleicher Weise den Namen „vom Katholischen Apostolat". Der Heilige starb am 22. Januar 1850 in Rom. Johannes XXIII. bestellte ihn zum Hauptpatron des Päpstlichen Priester-Missionsbundes. Sein Leib ruht in der Erlöserkirche am Tiber.

Commune, Stundenbuch III, S. 1135 ff. (Hirten der Kirche).

LESEHORE

ZWEITE LESUNG

Vinzenz Pallotti († 1850)

Aus seinen Briefen

Ihr seid berufen, das Werk Gottes zu vollenden

Zuerst danke ich meinem Gott von Herzen, dass er Sie voll Erbarmen auserwählt und berufen hat und als Arbeiter in seine Ernte gesandt hat, damit durch

Ihr Wirken bei den Schafen Christi, die bereits in der Hürde weilen, der Glaube bewahrt und die Liebe vermehrt werde, jene aber, die der erlesenen Herde Christi erst noch zugeführt werden müssen, auf die Gabe des Glaubens vorbereitet werden.
Freuen Sie sich also im Herrn, nochmals sage ich, freuen Sie sich, denn wie Gott Sie auserwählt und berufen hat, sein Werk zu vollenden, so hat er Ihnen auch jene Gnade gegeben und den Glauben, der durch die Liebe wirksam ist, damit wir in allem als treue Diener Christi erfunden werden.
Und alsdann werden Sie in Wahrheit durch die Barmherzigkeit unseres Gottes und die Gnade unseres Herrn Jesus Christus Frucht bringen, und Ihre Frucht wird bleiben, wie Gott es will.
Damit sich aber einer als treu erweise, darf er die empfangenen Talente nicht im Schweißtuch einhüllen und verstecken, sondern er muss sie zum Nutzen für seine eigene Seele und zum überreichen Gewinn für das Seelenheil der anderen gebrauchen.
Alle, die auserwählt und berufen sind, empfangen vom Herrn ihre Talente nach Maßgabe ihrer heiligen Auserwählung und Berufung. Aber nicht alle werden darin für treu befunden, und nur wenige unter allen gewinnen durch ihre Treue noch andere Talente dazu.
Achten wir daher sorgsam auf uns selber, um durch die Barmherzigkeit unseres Gottes und die Gnade unseres Herrn Jesus Christus in allem die Treue zu bewahren, wie Gott es will.
Unsere Aufgabe ist es, an der Frohbotschaft in der Kraft Gottes mitzuarbeiten, der uns erlöst und zu heiligem Dienst berufen hat, nicht unserer Werke wegen, sondern in seiner großen Barmherzigkeit und Gnade, die uns in Christus Jesus zuteil geworden ist.
Und weil er zum Erstgeborenen unter vielen Brüdern bestimmt worden ist, deswegen müssen auch wir uns ihm in allem gleichförmig machen. Zu un-

serer Belehrung und Ermahnung fing Christus an zu wirken und zu lehren. Darum hat er auch gesagt: Wer wirkt und lehrt, der wird ein Großer heißen im Himmelreich.
Wir aber, die aus Barmherzigkeit und durch die Gnade unseres Herrn Jesus Christus ins Heiligtum berufen sind, wollen unserem Gott Dank sagen. Er hat uns mit ewiger Liebe geliebt und hat uns die seligste Jungfrau Maria, die Mutter seines eingeborenen Sohnes, gezeigt. Zu unserem Vorbild ist sie auf allen Wegen der Gerechtigkeit den Spuren unseres Herrn Jesus Christus so gefolgt, dass sie in der Fülle der Heiligkeit, Gnade und Gerechtigkeit die Engel und alle Chöre der Gerechten wunderbar überragt.
Und dazu hat Gott sie uns gezeigt und zugleich durch seinen eingeborenen Sohn uns zur Mutter geschenkt, dass sie uns durch ihre Fürsprache und ihr ganzes vorbildliches Leben den Weg weise, auf dem wir jederzeit unserem Herrn Jesus Christus in Glaube, Hoffnung und Liebe nachfolgen sollen, damit durch alle Tage unseres Lebens bis zum letzten in allen unseren Werken jedwede Gerechtigkeit mehr und mehr vor den Menschen erstrahle und sie den Vater preisen, der im Himmel ist.

[Epistolae latinae, Rom 1907, S. 20-27]

RESPONSORIUM

R Die Ernte ist groß, aber es gibt nur wenige Arbeiter. * Bittet also den Herrn der Ernte, Arbeiter für seine Ernte auszusenden.
V Gott will, dass alle Menschen gerettet werden und zur Erkenntnis der Wahrheit gelangen. * Bittet also den Herrn der Ernte, Arbeiter für seine Ernte auszusenden.

Oration Gott, du hast deiner Kirche im heiligen Vinzenz Pallotti einen Priester erweckt, der sich ganz dafür einsetzte, dass der Glaube und die Liebe in ihr lebendig sei. Lass uns nach seinem Vorbild

deine Wahrheit vor den Menschen zum Leuchten bringen und allen in brüderlicher Liebe begegnen durch Jesus Christus, deinen Sohn, unseren Herrn und Gott, der in der Einheit des Heiligen Geistes mit dir lebt und herrscht in Ewigkeit.

Oratio **Deus, qui in Ecclésia tua Beátum Vincéntium presbýterum, ad fidem tuéndam et caritátem fovéndam suscitásti: concéde propítius, ut eiúsdem sectántes exémpla, lumen veritátis fraternitatísque amórem in corde exhibeámus et ópere. Per Dóminum nostrum Iesum Christum Fílium tuum, qui tecum vivit et regnat in unitáte Spíritus Sancti, Deus, per ómnia sǽcula sæculórum.**

27. Januar

Sel. Paul Josef Nardini

Priester, Ordensgründer

Paul Josef Nardini, geboren am 25. Juli 1821 in Germersheim, zum Priester geweiht am 22. August 1846 im Dom zu Speyer, gründete am 2. März 1855 die Ordensgemeinschaft der Armen Franziskanerinnen von der Heiligen Familie (heute „Mallersdorfer Schwestern" genannt). Die von ihm gegründete Ordensgemeinschaft wuchs rasch und zählte, als er am 27. Januar 1862 im Rufe der Heiligkeit starb, bereits 220 Schwestern.

Commune, Stundenbuch III, S. 969 ff. (Hirten der Kirche) oder S. 1244 ff. (Ordensleute).

LESEHORE

ZWEITE LESUNG

Paul Josef Nardini († 1862)

Aus einem Beitrag in „Der christliche Pilger" vom 27. Januar 1861

Das Gottvertrauen und der Segen des Allmächtigen hat dies alles gebaut

Auf das hohe Weihnachtsfest im Jahre 1854 geschah es, dass bei der Krippe desjenigen, der gesagt hat: „Es ist der Wille meines Vaters, dass keines dieser Kleinen verloren gehe", und der Kind geworden ist, um vor allem die Kinder zu erlösen und uns alle zu Kindern Gottes zu heiligen, der Entschluss gefasst wurde, zur Linderung der schreienden Not der Zeiten in gottgeweihten Jungfrauen den verwaisten und verlassenen Kindern, den Armen und Kranken, Mütter und Trösterinnen zu erziehen nach dem Vorbilde derjenigen, die wir als die unbefleckte Jungfrau und Mutter des Jesuskindes verehren, die wir Trösterin der Betrübten und Heil der Kranken nennen. Was an der Krippe mit Gott beschlossen wurde, das wurde nach mündlicher Unterredung mit dem Hochwürdigsten Herrn Bischofe im Jahre 1855 auf den Tag der heiligen Agatha im Vertrauen auf Gott versuchsweise begonnen, und mehrere Jungfrauen unserer Diözese verließen Vater und Mutter, Bruder und Schwester, Häuser und Güter, und kamen nach Pirmasens, um sich selbst entsagen zu lernen und sich nach der III. Regel unseres heiligen Vaters Franziskus dem Dienst der armen Kinder, der Kranken und Elenden zu weihen und deren Mägde zu werden.

Der Anfang geschah in einem gemieteten Häuschen, das sogleich überfüllt war von elenden, ausgehungerten, mit manchfachem Übel bedeckten Kindern, zu denen täglich über hundert Arme der Stadt kamen, welche die bitterste Not litten. Der Pestgeruch, welcher infolge der vielen Gebrechen und Unreinlichkeiten das Häuschen erfüllte, zeigte, was hier zu überwinden sei. Es war aber den gottbegeisterten Jungfrauen Wohlgeruch. Und derjenige, welcher in die Hände derer, die alles verlassen hatten, den Segen von allen Seiten zur Erhaltung ihrer

Kinder und Armen strömen ließ, bewahrte sie auch vor der drohenden Ansteckung. In Ermangelung der Betten für die immer mehr wachsende Kinderzahl wurde Stroh bei der christlichen Barmherzigkeit gebettelt, und statt der Federn musste der Wald sein demütiges Moos hergeben zur Füllung der Oberbetten. Ihre aus der Welt mitgebrachten Kleider wurden zerschnitten, zurecht gerichtet, um die Blöße der Kinder und Armen zu bedecken. In welch fruchtbares Erdreich das Senfkörnlein gefallen, und wie wunderbar der Himmel es segnete, offenbarte sich immer mehr.

Gegenwärtig am Ende des Jahres 1860 beläuft sich die Anzahl der seit sechs Jahren eingekleideten Schwestern über zweihundert; elf hat bereits der himmlische Bräutigam in die Ewigkeit abgerufen.

In dem Mutterhause selbst befinden sich vier Schulen. Die Anzahl der Kinder des Armenkinderhauses ist bis Ende dieses Jahres auf zweihundertfünfzig angewachsen, darunter hundertvierzig Knaben. Die besonders befähigten der letzteren besuchen die hiesige Lateinschule. Unter diesen sind auch einige Kinder von besseren Familien, welche auf Bitten ihrer Eltern gegen ein entsprechendes Kostgeld in das Armenkinderhaus aufgenommen sind. Die übrigen Knaben werden nach genossenem Schulunterrichte entweder für den Ackerbau weitererzogen oder lernen ein Handwerk. Im Hause selbst können sie Schuster, Schneider, Weber, Schreiner und Maurer werden. Auch sind Knaben einigen zuverlässigen Meistern in der Stadt Pirmasens zur Erlernung anderer Handwerke übergeben, in der Weise jedoch, dass sie stets Kost, Wohnung und Erziehung bei den Schwestern haben. Die heranreifenden Mädchen werden vor allem in den häuslichen Geschäften erzogen und sollen bei erlangter Zuverlässigkeit als Dienstboten verwendet werden. Die befähigteren von ihnen lernen feinere weibliche Arbeiten in der täglichen Arbeitsschule, welche nebstdem von vielen Mädchen der besseren Stände aus der Stadt besucht wird. Nebenbei sind auch sechzehn gebrechliche alte Leute aufgenommen und bilden gleichsam eine kleine Pfründneranstalt. Die ganze Familie des Mutterhauses dahier beläuft sich gegenwärtig auf dreihundertvierzig Personen.

Fragst du aber staunend: Wodurch ist dies alles geworden?, so kann dir nur darauf geantwortet werden: Das Gottvertrauen und der Segen des Allmächtigen hat dies alles gebaut. – Und das Rosenkranzgebet hat dies gebaut, denn so viel der Steinchen an diesen Gebäuden sind, so viel mal und noch öfters hat das Ave Maria aus dem Munde der Kinder und Jungfrauen die Mutter des Herrn gegrüßt. – Und der heilige Josef, der Besorger und das Haupt der heiligen Familie, hat bauen helfen und den Töchtern der heiligen Familie ihr Kloster gezimmert. – Und die Kinder alle, welche dem Verderben entrissen, seit sechs Jahren in den Armen der Schwestern des ewigen Schlafes entschlafen als reine Engel in die Gemeinschaft der Heiligen eingetreten, haben bauen helfen. – Und was vor allem nicht verschwiegen werden kann, sämtliche Glieder des Wittelsbacher Königshauses, angefangen von dem edlen und großmütigen König Ludwig, haben bauen helfen und Fundamentsteine beigebracht. – Und die Schwestern selbst haben gebaut durch das Opfer ihres Vermögens und ihres Schweißes.

RESPONSORIUM

R Wir sind arm und machen doch viele reich; wir haben nichts und haben doch alles. * Alles tun wir euretwegen, damit immer mehr Menschen aufgrund der überreich gewordenen Gnade den Dank vervielfachen, Gott zur Ehre.

V Darum werden wir nicht müde; wenn auch unser äußerer Mensch aufgerieben wird, der innere wird Tag für Tag erneuert. * Alles tun wir euretwegen, damit immer mehr Menschen aufgrund der überreich gewordenen Gnade den Dank vervielfachen, Gott zur Ehre.

Oration Gütiger Gott, du hast den seligen Paul Josef in deiner Kirche zu einem selbstlosen Hirten und zu einem Vater der Armen gemacht. Wir bitten dich: Lass uns nach seinem Beispiel immer tiefer in dir verwurzelt sein und immer mehr wachsen in der Liebe zu unseren Nächsten. Darum bitten wir durch Jesus Christus, deinen Sohn, unseren Herrn und Gott, der in der Einheit des Heiligen Geistes mit dir lebt und herrscht in Ewigkeit.

Oratio Deus, qui in Ecclésia tua beátum Paulum Ioséphum pastórem exímium simul ac patrem páuperum constituísti, da nobis, quǽsumus, ut eiúsdem suscitáti exémplo tibi profúndius inhæréntes in proximórum caritáte crescámus. Per Dóminum nostrum Iesum Christum Fílium tuum, qui tecum vivit et regnat in unitáte Spíritus Sancti, Deus, per ómnia sǽcula sæculórum.

9. Februar

Hl. Alto

Abt, Glaubensbote

Alto, Abt und Glaubensbote, verließ seine Heimat, um in Bayern für Christus Zeugnis abzulegen. Er gründete im 8. Jahrhundert das Kloster Altomünster.

Commune, Stundenbuch II, S. 1399 ff. oder Stundenbuch III, S. 1244 ff. (Ordensleute).

LESEHORE

ZWEITE LESUNG

Othloh von Regensburg († nach 1070)

Aus der Lebensbeschreibung des heiligen Alto.

Gehorsam dem Ruf zur Vollkommenheit

Der heilige Alto stammte aus einem vornehmen schottischen Geschlecht. Er bemühte sich schon früh um ein geistliches Leben und ließ sich davon weder durch seinen großen Besitz noch durch seine Eltern und Verwandten abbringen; er sann nach „über Gottes Weisung bei Tag und Nacht“[1]. Als ihm das in seiner heimatlichen Umgebung immer besser gelang und er schließlich den dringenden Wunsch nach Vollkommenheit, wie sie das Evangelium verlangt[2], in sich verspürte, fühlte er sich vom Herrn dazu berufen, nach dem Beispiel des Stammvaters Abraham sein Land und seine Verwandten zu verlassen[3] und in eine ferne Gegend Germaniens zu ziehen. Diesem Ruf des Herrn wollte er rasch nachkommen. Daher verließ er seine Heimat, um eine jener himmlischen Wohnungen zu erhalten, von denen Jesus im Evangelium sagt: „Im Haus meines Vaters gibt es viele Wohnungen“[4].

So zog er also aus seinem Heimatland fort und kam in den Süden Germaniens, nach Bayern. Hier zog er sich in einen Wald zurück und wohnte darin. Um niemand zur Last zu fallen, verdiente er sich da und dort seinen Lebensunterhalt, eingedenk der Worte des Apostels: „Bei niemandem haben wir unser Brot umsonst gegessen, um keinem von euch zur Last zu fallen“[5]; und auch in den Psalmen steht ja: „Was deine Hände erwarben, kannst du genießen; wohl dir, es wird dir gut ergehen.“[6]

[1] Vgl. Ps 1,2. [2] Vgl. Mt 5,48. [3] Vgl. Gen 12,1. [4] Joh 14,2.
[5] Vgl. 2 Thess 3,8. [6] Ps 128,2.

Die Kunde von ihm verbreitete sich und gelangte auch zum Frankenkönig Pippin, dem Vater Karls des Großen, der damals über weite Gebiete herrschte. Weil Pippin sich um die Fremden, die Armen und die Diener Gottes kümmerte, schenkte er Alto einen großen Teil jenes Waldes, in dem dieser wohnte. Nachdem aber der König ihn durch seine Schenkung so ausgezeichnet hatte, kamen auch viele andere von nah und fern, um ihm ihre Ehrerbietung zu erweisen. Und da die Stelle an der Grenze zwischen dem alemannischen und dem bayerischen Gebiet lag, besuchten ihn Laien und Ordensleute aus beiden Gegenden und unterstützten ihn. So konnte er den größten Teil des Waldes roden und zu einer fruchtbaren Ebene umgestalten.

Als durch seiner eigenen Hände Arbeit und die Mithilfe anderer das Land reiche Ernten brachte und durch die Spenden der Gläubigen, die ihn täglich besuchten, sein Besitz immer größer wurde, überlegte Alto, wie er das alles zur Ehre dessen verwenden könnte, als dessen Geschenk er es verstand. Er erbaute Wohnungen für Leute, die sich dem Gottesdienst weihten, und ein Münster; er nahm Ordensleute und Menschen, die ein geistliches Leben führen wollten, auf und ließ sie bei sich wohnen. Daher heißt der Ort bis heute Altomünster.

Als alles fertig war, wurde der heilige Bonifatius, der damals in Germanien das Wort Gottes verkündete, durch göttliche Eingebung veranlasst, zur Weihe des Alto-Münsters zu kommen. Er wollte die Kirche nun nach der (für Klöster) üblichen Regel weihen, nämlich so, dass keine Frau die Kirche hätte betreten dürfen. Doch da bat ihn Alto, dies nicht zu tun. Er sagte: Wenn die Männer zu ihren verschiedenen Tätigkeiten fortgehen, müssen doch die Ehefrauen, die zu Hause geblieben sind, für sich und ihre Männer beten. Bonifatius entsprach dieser Bitte und weiht die Kirche so, dass Männer und Frauen sie gemeinsam benutzen konnten. Danach blieb die Kirche eine Stätte, an der man ein heiliges Leben führen konnte. Und Alto ging später dort heim zu Gott.

RESPONSORIUM

R Zieh weg aus deinem Land, aus deiner Heimat und aus deinem Vaterhaus in das Land, das ich dir zeigen werde. * Im Haus meines Vaters gibt es viele Wohnungen.

V Ich werde dich zu einem großen Volk machen, dich segnen und deinen Namen groß machen. * Im Haus meines Vaters gibt es viele Wohnungen.

LECTIO ALTERA

Othlónus Ratisbonénsis († post 1070)

Ex Legénda Sancti Altónis Confessóris

Beátus ígitur Alto, nobilíssima Scotórum stirpe progénitus, adténdens iúgiter ad perpétuam spirituális vitæ iocunditátem. Non illum amplæ possessiónis glória, non paréntum vel propinquórum grátia ab intentióne retráxerat incépta; sed in lege Dei meditátus est die ac nocte.[1] Cumque maturitáte hac in pátrio solo magis magísque profíceret, et euangélicæ perfectiónis ardor in se omníno fervésceret, ammónitus est a Dómino per visiónem, ut, Ábrahæ patriárchæ exémplum secútus, relínqueret terram et cognatiónem suam[2] transirétque in longínquam Germániæ regiónem. Hanc ergo domínicam ammonitiónem implére cúpiens et festínans, pátriæ terræ relínquit habitatiónem, ut áliquam percípere mererétur cæléstium mansiónem, de quibus Dóminus noster in euangélio dixit: „In domo Patris mei mansiónes multæ sunt.“[3]
Progrédiens ítaque, ut dictum est, vir Dei ex pátria, venit in Baváriam, infra austrálem partem seu plagam Germániæ pósitam; ubi in silvam quandam ingréssus, cœpit ibi fore colónus, victum sibi inde

acquírens, ne quem graváret, circumquáque discúrrens, memor apóstoli dicéntis: „Non manducávimus panem gratis ab áliquo vestrum, ne quem vestrum gravarémus,“[4] et psalmístæ qui dicit: „Labóres mánuum tuárum qui manducábis, beátus es, et bene tibi erit.“[5]

Cum autem íbidem conversátus, multórum aures dulci respérgeret fama, ad Pípinum étiam Francórum regem, Karóli Magni genitórem, qui eo témpore regnans províncias quam plures suo subiugávit regno, deferebátur eius notícia. Qui quóniam peregrinórum, páuperum Deóque famulántium curam gessit, magnam silvæ ipsíus partem, in qua sanctus Alto habitávit, sibi potestáte régia trádidit. Unde factum est, ut, quem rex tanta donatióne venerabátur, a plúribus tam longe quam prope pósitis honorarétur, certaréntque fidéles et religiósi quílibet de Alamánniæ et Baioáriæ pártibus, in quarum confínio situs est ipse locus, quáliter illum visitárent eíque de substántiis suis ac facultátibus suis ministrárent. Huiúsmodi ergo benefíciis undíque suffúltus, máximam silvæ tráditæ portiónem exstirpávit et in planítiem frugiferáque iúgera coæquávit.

Deínde, cum post áliquot annos ex mánuum suárum labóre aliorúmque sibi subveniéntium subpleménto terra excúlta messem copiósam edidísset, paritérque ex oblatióne fidélium cottídie ad cum confluéntium substántia rerum victuálium felíciter excrevísset, cœpit vir Dei sollícito corde tractáre, quáliter hæc ómnia ad honórem ipsíus, a quo sibi nóverat attribúta, posset retribúere. Hæc eo tractánte, constrúxit habitácula servímini divíno apta necnon monastérium, religiósos quosque et spirituális vitæ amatóres assúmpsit secúmque habitáre fecit. Quaprópter usque in diem hodiérnum locus ipse dícitur Altónis-monastérium.

Quo constrúcto, sanctus presul Bonifácius, qui eo témpore in Germánia verbi divíni propagátor exímius habebátur, visiónis divínæ nutu quodam ammonebátur, ut ad Altónis-monastérium celériter pérgeret consecrándum. Cumque ille advéniens more sólito vellet ita consecráre, ut múlier nulla debéret illud intráre, postulávit beátus Alto, ne tali suum oratórium consecráret pacto, dicens máxime opus, viris sépius ad ópera vária procul egréssis, ut uxóres eórum domi remanéntes orent pro se suísque viris. Cúius petitióni conséntiens, mox sanctus Bonifácius ecclésiam quidem consecrándo tam féminis quam viris fecit esse commúnem. Oratório ergo constrúcto, ut dictum est atque consecráto, sub incépto sanctæ conversatiónis propósito permánsit. Et óbiit íbidem sanctus Alto.

[1] Cf. Ps 1,2. [2] Cf. Mt 5,48. [3] Ioh 14,2. [4] 2 Thess 3,8. [5] Ps 127,2.

RESPONSORIUM

R Egrédere de terra tua et de cognatióne tua et de domo patris tui in terram quam monstrábo tibi. * In domo Patris mei mansiónes multæ sunt.

V Fáciam te in gentem magnam et benedícam tibi et magnificábo nomen tuum. * In domo Patris mei mansiónes multæ sunt.

Zu den Laudes

In der Fastenzeit für die Kommemoration:

Ant. Wer den Willen meines Vaters erfüllt, der ist für mich Bruder und Schwester und Mutter.

Oration Herr, unser Gott, überall bist du uns nahe, in der Wüste wie in der volkreichen Stadt. Du hast im heiligen Alto die Liebe zur Einsamkeit mit der Liebe zum Volk unserer Heimat verbunden. Sei uns nahe im stillen Gebet, aber auch mitten in der Rastlosigkeit des Lebens. Darum bitten wir durch Jesus Christus, deinen Sohn, unseren Herrn und Gott, der in der Einheit des Heiligen Geistes mit dir lebt und herrscht in Ewigkeit.

Oratio Dómine, Deus noster, qui ubíque nobis prope es, et in éremo et in frequénti urbe, quique in sancto Altóne, solitúdinis amórem cum fratrum dilectiónis iunxísti, te súpplices exorámus, ut nobis occúrras et tácite precántibus et vitæ commérciis assídue incumbéntibus. Per Dóminum nostrum Iesum Christum Fílium tuum, qui tecum vivit et regnat in unitáte Spíritus Sancti, Deus, per ómnia sǽcula sæculórum.

Zur Vesper

In der Fastenzeit für die Kommemoration:

Ant. Ihr habt alles verlassen und seid mir nachgefolgt: Das Hundertfache werdet ihr dafür erhalten und das ewige Leben gewinnen.

26. Februar

Sel. Edigna von Puch

Jungfrau, Einsiedlerin

Nach der Legende war Edigna eine Tochter Heinrichs I. von Frankreich und seiner Frau Anna, der Tochter des Fürsten Jaroslav von Kiew. Edigna entzog sich einer geplanten Heirat durch Flucht und gelangte nach Bayern. Unterhalb des Dorfes Puch bei Fürstenfeldbruck lebte Edigna bis zu ihrem Tod in einer hohlen Linde und wurde bald als Wundertäterin verehrt, die den Kranken und Armen half. Ihr überlieferter Todestag ist der 26. Februar 1109.

Commune, Stundenbuch II, S. 1329 ff. (Jungfrauen).

Zu den Laudes

In der Fastenzeit für die Kommemoration:

Ant. Die kluge Jungfrau ging Christus entgegen. Wie die Sonne strahlt sie im Chor der Heiligen.

Oration Allmächtiger, ewiger Gott, du hast die selige Jungfrau Edigna gelehrt, um des Himmelreiches willen auf irdische Pracht und Herrlichkeit zu verzichten und in Armut den Menschen zu dienen. Verleihe uns die Gnade, ihrem Beispiel zu folgen, in allem deinen Willen zu erfüllen und durch ihre Fürbitte bei dir Hilfe in allen Anliegen des Leibes und der Seele zu erlangen, durch Jesus Christus, deinen Sohn, unseren Herrn und Gott, der in der Einheit des Heiligen Geistes mit dir lebt und herrscht in Ewigkeit.

Oratio Omnípotens, sempitérne Deus, qui beátam Edígnam vírginem docuísti propter regnum cælórum terrénam glóriam spérnere et in paupertáte próximis servíre, concéde nobis propítius, ut exémplum eius sequéntes voluntátem tuam in ómnibus adimpleámus eiúsque intercessióne auxílium tuum in córporis et ánimæ afflictiónibus assequámur. Per Dóminum nostrum Iesum Christum Fílium tuum, qui tecum vivit et regnat in unitáte Spíritus Sancti, Deus, per ómnia sǽcula sæculórum.

Zur Vesper

In der Fastenzeit für die Kommemoration:

Ant. Braut Christi, komm und empfange die Krone, die der Herr für dich bereithält.

26. März

Hl. Kastulus

Märtyrer

Für die Kommemoration:

Kastulus erlitt unter Kaiser Diokletian zu Rom das Martyrium. Der Legende nach hat er den verfolgten Christen im Palast des Kaisers Unterkunft gewährt. Seine Reliquien wurden nach Moosburg, später nach Landshut überführt.

Zur Lesehore

Zweite Lesung: Commune, Stundenbuch II, S. 1258 ff. (ein Märtyrer).

Zu den Laudes

Ant. Wer sein Leben liebt, wird es verlieren; doch wer in dieser Welt sein Leben hasst, der wird es bewahren für das ewige Leben.

Oration Herr des Himmels und der Erde, du hast den heiligen Blutzeugen Kastulus gelehrt, deinem Dienst nichts vorzuziehen und alles aufzugeben, was der Liebe zu dir im Wege steht. Schenke auch uns diese Liebe und mache uns so fähig, deine Zeugen zu sein. Darum bitten wir durch Jesus Christus, deinen Sohn, unseren Herrn und Gott, der in der Einheit des Heiligen Geistes mit dir lebt und herrscht in Ewigkeit.

Oratio Deus cæli et terræ, qui sanctum Mártyrem Cástulum docuísti nihil tuo servítio esse præferéndum omniáque relinquénda esse quæ amóri tui adversántur, da nobis quoque, quǽsumus, talem amórem, quo testes tui idónei efficiámur. Per Dóminum nostrum Iesum Christum Fílium tuum, qui tecum vivit et regnat in unitáte Spíritus Sancti, Deus, per ómnia sǽcula sæculórum.

Zur Vesper

Ant. Im himmlischen Reich ist die Wohnstatt der Heiligen. Dort finden sie Ruhe auf ewig.

12. April

Hl. Zeno

Bischof

Zeno kämpfte nach den Jahren der Verfolgung als Bischof von Verona (362-371) gegen eine drohende Verflachung des christlichen Lebens und für den Glauben an die Gottheit Christi. Bischof Korbinian war einige Jahre in der Kirche der Zenoburg bei Meran begraben.

Commune, Stundenbuch II, S. 1277 ff. (Hirten der Kirche).

LESEHORE

ZWEITE LESUNG

Zeno von Verona († 371/72)

Aus einem Traktat.

Glaube, Hoffnung und Liebe

Drei Dinge bilden die Grundlage christlicher Vollkommenheit: Hoffnung, Glaube und Liebe. Und sie erscheinen so eng miteinander verbunden, dass das eine das andere nicht entbehren kann. Wie soll einer glauben können, wenn er nicht schon hofft? Und wenn der Glaube nicht vorhanden ist, wie soll dann Hoffnung entstehen? Und beide hören auf, wenn man ihnen die Liebe nimmt. Denn der Glaube kann nicht ohne die Liebe und die Hoffnung nicht ohne den Glauben ihre Wirksamkeit entfalten. Wenn demnach ein Christ vollkommen sein will, muss er diese drei Dinge zu verwirklichen suchen. Fehlt ihm auch nur eines, mangelt seinem Tun die Vollendung.

Vor allem müssen wir uns nun die Hoffnung auf die künftigen Dinge vor Augen halten; denn wir sehen klar, dass ohne sie selbst die gegenwärtigen keinen Bestand haben. Ja, nimm die Hoffnung weg, so kommt die ganze Menschheit in einen Zustand der

Erstarrung. Nimm die Hoffnung weg, so hört alle Kunst und Wissenschaft auf. Nimm die Hoffnung weg, so ist alles weg.

Was tut der Knabe bei einem Lehrer, wenn er nicht Belehrung erhofft? Wozu vertraut der Schiffer sein Fahrzeug der Tiefe des Meeres an, wenn ihm niemals ein Gewinn, niemals der von ihm ersehnte Hafen winkt? Wozu glaubt der Christ noch an Christus, wenn er nicht zugleich glaubt, dass einst die Zeit der ewigen Seligkeit kommen wird, die ihm von Christus verheißen ward?

Aber die Hoffnung geht aus dem Glauben hervor; und wenn sie sich auch auf die Zukunft richtet, so ist sie doch vom Glauben abhängig. Wo kein Glaube ist, da ist auch keine Hoffnung. Der Glaube bildet den Grund der Hoffnung, die Hoffnung den Ruhm des Glaubens.

Liebe Brüder, es würde zu weit führen, auf Einzelheiten einzugehen, das um so mehr, als die Liebe ihre stärkeren Rechte geltend macht; sie, die alle Vorzüge in so hohem Maße ihr eigen nennt, dass sie von Rechts wegen die Königin von allen ist. Der Glaube mag nach Kräften Triumphe feiern, und die Hoffnung mag viel Großes in Aussicht stellen: ohne die Liebe haben beide keinen Bestand.

Der Glaube ist nur wenigen eigen, Liebe aber allen. Und weiter: Hoffnung und Glaube sind auf eine gewisse Zeit beschränkt; die Liebe hat kein Ende, sie wächst jeden Augenblick. Je mehr Liebe sich Liebende erweisen, um so mehr schulden sie sich. Die Liebe liebt auch niemand aus Rücksicht auf dessen Person; denn sie versteht nicht zu schmeicheln. Sie liebt nicht um der Ehre willen; denn sie ist nicht ehrgeizig. Sie liebt nicht nur eine Zeitlang; denn sie ist nicht wankelmütig. Sie ist nicht eifersüchtig; denn sie weiß nicht, was Neid ist. Sie wird nicht aufgeblasen; denn sie hat Demut. Sie denkt nichts Arges; denn sie ist einfältig. Sie zürnt nicht; denn sie erträgt auch gern Unrecht. Sie täuscht nicht; denn sie

hält getreu ihr gegebenes Wort. Sie verlangt nichts; denn sie braucht nichts als ihr Sein[1].
Schließlich hat der Herr selbst auf die Frage, welches das höchste Gebot des heiligen Gesetzes sei, geantwortet: „Du sollst den Herrn, deinen Gott, lieben mit ganzem Herzen, mit ganzer Seele und mit all deinen Gedanken. Ebenso wichtig ist das zweite: Du sollst deinen Nächsten lieben wie dich selbst.“[2]

[1] Vgl. 1 Kor 13,4-8. [2] Mt 22, 37.39.

RESPONSORIUM

R Für jetzt bleiben Glaube, Hoffnung, Liebe, diese drei; * doch am größten unter ihnen ist die Liebe. (O: Halleluja.)
V Unablässig erinnern wir uns vor Gott, unserem Vater, an das Werk eures Glaubens, an die Opferbereitschaft eurer Liebe und an die Standhaftigkeit eurer Hoffnung. * Doch am größten unter ihnen ist die Liebe. (O: Halleluja.)

LECTIO ALTERA

Zeno Veronensis († 371/372)

Ex Tractátu.

De spe, fide et caritate

Tribus in rebus Christiáni cúlminis fundaménta consístuat, id est in spe, in fide et in caritáte; quæ ita ínvicem sibi vidéntur esse connéxa, ut sint álii ália necessária. Spes enim nisi præcédat, cui labórat fides? Fides si non sit, quómodo spes ipsa nascétur? Quibus si déneges caritátem, utræque cessábunt: Quia neque fides sine caritáte, neque spes póterit operári sine fide. Ítaque Christiánus tribus in rebus, si cupit esse perféctus, debet esse constrúctus; si quid enim ei ex his defúerit, perfectiónem sui óperis non habébit.

Unde primo ómnium spes nobis proponénda est futurórum, sine qua nec præséntia quidem ipsa stare posse perspícimus. Ádeo tolle quem, torpet humánitas tota. Tolle spem, artes virtutésque univérsæ cessábunt. Tolle spem, et interémpta sunt ómnia.
Quid facit ad litteratórem puer, si litterárum non sperat fructum? Quid ratem profundo gúrgiti nauta commíttit, si ei numquam lucrum, numquam portus desiderátus occurrit? Quid Christiánus credit in Christum, si promíssum sibi ab eo perpétuæ felicitátis tempus non credit esse ventúrum?
Sed spes ex fide est, quæ quamvis in futúro sit pósita, fídei tamen est iure subjécta; ubi fides non est, nec spes est; fides enim spei substántia est, et spes fídei glória.
Sed longum est, fratres, ire per síngula, máxime quia cáritas sua iúgerit fortióra; quæ est ita rebus univérsis prædita, ut sit ómnium iure ipso regína. Triúmphet licet, quibus vult virtútibus, fides, ac spes multa et magna propónat; tamen sine hæ utræque non stabunt; fides primo ómnium si seípsam non amet, spes si non amétur.
Adde, quod fides paucórum est, cáritas ómnium. Adde, quod spes ac fides tempus habent; cáritas autem finem non habet, moméntis ómnibus créscit, quantóque ab ea diligéntibus ínvicem créditur, tanto ínvicem plus debétur. Non quemquam pro persóna díligit, aduléri quia nescit; non pro honóre, quia ambitiósa non est; non pro témpore, quia vária non est; non æmulátur, quia invídia quid sit, ignórat; non inflátur, quia humilitátem colit; non malum cógitat, quia simplex est; non iráscitur, quia étiam iniúrias libénter ampléctitur; non fallit, quia fidem ipsa custódit; non ulla re índiget, quia ei præter quod est nihil est necessárium.[1]
Dénique cum dóminus interrogarétur, quod esset summum legis sacræ percéptum, sic ait dicens: „Díliges Dóminum Deum tuum ex toto corde tuo, ex tota ánima tua, et ex tota virtúte tua. Et secúndum

símile huic: Díliges próximum tuum, tamquam teípsum.“[2]

[1] Cf. 1 Kor 13,4-8. [2] Mt 22, 37.39.

RESPONSORIUM

R Nunc autem manent fides, spes, cáritas, tria hæc; * maior autem horum est cáritas. (O: Halleluja.)

V Sine intermissióne mémores sumus óperis fídei vestræ et labóris et caritátis et sustinéntiæ spei ante Deum et Patrem nostrum; * maior autem horum est cáritas. (O: Halleluja.)

Zu den Laudes

In der Fastenzeit für die Kommemoration:

Ant. Nicht ihr werdet reden, sondern der Geist eures Vaters redet durch euch.

Oration Gott und Vater unseres Erlösers Jesus Christus, du Herr über Leben und Tod, du hast den heiligen Bischof Zeno zum begeisterten Verkünder von Tod und Auferstehung deines Sohnes gemacht. Wir bitten dich, vereine uns mit dem Kreuz und der Erhöhung deines Sohnes Jesus Christus, der in der Einheit des Heiligen Geistes mit dir lebt und herrscht in alle Ewigkeit.

Oratio Deus et Pater Redemptóris nostri Iesu Christi, Dominátor vitæ et mortis, qui sanctum Zenónem epíscopum mortis et resurrectiónis Fílii tui præcónem exímium effecísti, præsta, quǽsumus, ut per hæc sacra sollémnia Fílio tuo Iesu Christo crucifíxo et resuscitáto intímius iungámur. Qui tecum vivit et regnat in unitáte Spíritus Sancti, Deus, per ómnia sǽcula sæculórum.

Zur Vesper

In der Fastenzeit für die Kommemoration:

Ant. Dank sei dir, Christus, guter Hirte! Du hast mich zur Herrlichkeit geführt, gib auch der Herde, die du mir anvertraut hast, Anteil an deiner Gnade auf ewig.

14. April

Jahrestag der Weihe der Metropolitankirche

Hochfest / Fest

Die Münchener Liebfrauenkirche wurde am 14. April 1494 geweiht. Seit 1817 ist sie Domkirche des Erzbistums von München und Freising.

(Auch wenn die Feier wegen der Kar- und Osterwoche verlegt werden muss, wird sie im ganzen Erzbistum begangen).

Commune, Stundenbuch II, S. 1133 ff. (Kirchweihe).

30. April

Hl. Josef der Arbeiter

Siehe Stundenbuch II, S. 1113.

1. Mai

Maria

Patronin des Landes Bayern

Hochfest

In der Zeit des Dreißigjährigen Krieges erklärte Kurfürst Maximilian von Bayern Maria zur „Patrona Bavariae". In der Not des Ersten Weltkrieges erwirkte König Ludwig III. 1916 bei Papst Benedikt XV. die liturgische Feier dieses Festes.

Commune, Stundenbuch II, S. 1161 ff. (Marienfeste), außer:

ERSTE VESPER

HYMNUS (zur Wahl)

O himmlische Frau Königin,
der ganzen Welt ein' Herrscherin!
Maria, bitt für uns!
Du Herzogin von Bayern bist,
das Bayernland dein eigen ist.
Darum, liebreiche Mutter, reich uns dein' milde Hand,
halt deinen Mantel ausgespannt und schütze unser Bayernland!

Dich München gar im Herzen hat:
dein Dom steht mitten in der Stadt.
Maria, bitt für uns!
Er ist gebaut gar stark und fest
zu deiner Ehr aufs allerbest.
Darum, liebreiche Mutter, reich uns dein' milde Hand,
halt deinen Mantel ausgespannt und schütze unser Bayernland!

Auf hoher Säule ragt dein Bild,
du Schutzfrau Bayerns wundermild.
Maria, bitt für uns!
Das liebe Kind auf deinem Arm
des ganzen Volkes sich erbarm!
Darum, liebreiche Mutter, reich uns dein' milde Hand,
halt deinen Mantel ausgespannt und schütze unser Bayernland! *

* Siehe Quellenverzeichnis am Ende des Heftes.

KURZLESUNG Offb 12,1.5

Ein großes Zeichen erschien am Himmel: eine Frau, mit der Sonne bekleidet; der Mond war unter ihren Füßen und ein Kranz von zwölf Sternen auf ihrem Haupt.
Und sie gebar ein Kind, einen Sohn, der alle Völker mit eisernem Zepter weiden wird. Und ihr Kind wurde zu Gott und zu seinem Thron entrückt.

RESPONSORIUM

R Gegrüßet seist du, Maria, du bist voll der Gnade. * Halleluja, halleluja. – R
V Gesegnet bist du unter den Frauen, und gesegnet ist die Frucht deines Leibes. * Halleluja, halleluja.
Ehre sei dem Vater – R

Magnificat-Ant. Als Jesus seine Mutter bei dem Kreuze stehen sah und bei ihr den Jünger, den er liebte, sagte er zu seiner Mutter: Frau, siehe, dein Sohn! Dann sagte er zu dem Jünger: Siehe, deine Mutter! Halleluja.

FÜRBITTEN

Lasst uns beten zu Gott, dem allmächtigen Vater, der Maria, die Mutter seines Sohnes, uns zur Fürsprecherin gegeben hat:

R Höre auf die Fürbitte der seligen Jungfrau.

Du hast Maria zur Mutter deines Sohnes auserwählt;
– lass die Kirche unter ihrem Schutz geborgen sein.

Du hast Maria den Menschen zur Mutter gegeben;
– auf ihre Fürsprache gewähre den Kranken Heilung und den Trauernden Trost.

Du hast Maria die Fülle deiner Gnade geschenkt;
– auf ihre Fürsprache schenke den Sündern Vergebung und allen Menschen Frieden und Heil.

Du hast unserem Land den besonderen Schutz der Jungfrau Maria gewährt;
– gib, dass deine Gläubigen einmütig mit Maria im Gebet verharren.

Du hast die unbefleckte Jungfrau mit Leib und Seele in den Himmel aufgenommen;
– schenke unseren Verstorbenen die ewige Freude mit Maria und all deinen Heiligen.

Vater unser.

Oration Gütiger Gott, du hast allen Menschen Maria zur Mutter gegeben; wir verehren sie in besonderer Weise als Schutzfrau unseres Landes. Bewahre uns unter ihrem mütterlichen Schutz vor jedem Angriff des Bösen und gib, dass wir ohne Furcht dir in Heiligkeit und Gerechtigkeit dienen. Darum bitten wir durch Jesus Christus, deinen Sohn, unseren Herrn und Gott, der in der Einheit des Heiligen Geistes mit dir lebt und herrscht in Ewigkeit.

Oratio Deus, qui dilécti Fílii tui Genitrícem nobis Matrem ac pátriæ patrónam dare dignátus es, concéde propítius, ut sub húius Matris tutéla ab omni hóstium defendámur incúrsu et sine timóre in sanctitáte et iustítia tibi serviámus. Per Dominum nostrum Iesum Christum Fílium tuum, qui tecum vivit et regnat in unitáte Spíritus Sancti, Deus, per ómnia sǽcula sæculórum.

INVITATORIUM

Ant. Heute feiern wir Maria, die Patronin unseres Landes – kommt, wir beten ihren Sohn an, Christus, unseren Herrn. Halleluja.

Psalm wie im Ordinarium, Stundenbuch II, S. 558 f. oder S. 573 ff.

LESEHORE

ERSTE LESUNG

Aus dem Buch Judit. 15,8-10.12 – 16,6.13-14a

Der Jubel um Judit

Als Judit den Holofernes besiegt hatte, kamen der Hohepriester Jojakim und der Ältestenrat von Israel, die in Jerusalem wohnten, herbei, um die rettende Tat zu sehen, die der Herr für Israel getan hatte, aber auch um Judit aufzusuchen und sie zu beglückwünschen. Sie traten bei ihr ein, lobten sie wie aus einem Mund und sagten zu ihr: Du bist der Ruhm Jerusalems, du bist die große Freude Israels und der Stolz unseres Volkes. Mit deiner Hand hast du das alles getan, du hast segensreiche Taten für Israel vollbracht, und Gott hat daran Gefallen gehabt. Sei gesegnet vom Herrn, dem Allmächtigen, für ewige Zeiten. Und alles Volk rief: Amen! Alle Frauen in Israel eilten herbei, um Judit zu sehen, und sangen ihr Lob. Als sie sich ihr zu Ehren zu einem Festreigen aufstellten, nahm Judit belaubte Zweige in die Hand und gab auch den umstehenden Frauen davon. Sie und ihre Begleiterinnen setzten sich Kränze von Ölzweigen auf, und so ging sie vor dem ganzen

Volk her und führte den Festreigen der Frauen an. Ihr folgten alle Männer von Israel in Waffen und mit Kränzen geschmückt. Judit aber stimmte im Beisein von ganz Israel das folgende Danklied an, und alles Volk sang den Lobpreis mit, im Wechsel mit ihr:

Judits Lobgesang

Judit sang:
Stimmt ein Lied an für meinen Gott
unter Paukenschall,
singt für den Herrn unter Zimbelklang!
Preist ihn, und singt sein Lob,
rühmt seinen Namen und ruft ihn an!
Denn der Herr ist ein Gott,
der den Kriegen ein Ende setzt;
er führte mich heim in sein Lager
inmitten des Volkes
und rettete mich aus der Gewalt der Feinde.
Assur kam von den Bergen des Nordens
mit seiner unzählbaren Streitmacht;
die Masse der Truppen verstopfte die Täler,
sein Reiterheer bedeckte die Hügel.
Brandschatzen wollten sie mein Gebiet,
die Jugend morden mit scharfem Schwert,
den zarten Säugling am Boden zerschmettern,
die Kinder als Beute verschleppen,
als billigen Raub die Mädchen entführen.
Doch der Herr, der Allmächtige, gab sie preis,
er gab sie der Vernichtung preis
durch die Hand einer Frau.
Ihr Held fiel nicht durch die Kraft
junger Männer,
nicht Söhne von Riesen erschlugen ihn,
noch traten ihm hohe Recken entgegen.
Nein, Judit, Meraris Tochter,
bannte seine Macht mit dem Reiz
ihrer Schönheit.
Ich singe meinem Gott ein neues Lied;
Herr, du bist groß und voll Herrlichkeit.

Wunderbar bist du in deiner Stärke,
keiner kann dich übertreffen.
Dienen muss dir deine ganze Schöpfung.

RESPONSORIUM

R Wahrhaft gesegnet bist du unter den Frauen, denn Evas Fluch hast du in Segen verwandelt. * Durch dich leuchtet der Segen des Vaters den Menschen auf. Halleluja.
V Deine Stammväter haben durch dich das Heil gefunden. * Durch dich leuchtet der Segen des Vaters den Menschen auf. Halleluja.

ZWEITE LESUNG

Julius Kardinal Döpfner († 1976)

Gebet bei der Wiederaufrichtung der Mariensäule in München.

Vertrauen auf Maria

Die Patrona Bavariae auf der Münchener Mariensäule ist die Mitte des bayerischen Landes. Von ihr aus sind alle Wege in Bayern gemessen. Bei der Wiederaufrichtung dieses Marienbildes am 8. Dezember 1970 erinnerte der Erzbischof von München und Freising, Kardinal Julius Döpfner, an die Worte Kardinal Faulhabers, der es nach den Jahren des 2. Weltkrieges eine „Säule der Gerechtigkeit im Gemeinschaftsleben" genannt hatte. Dann fuhr Kardinal Döpfner fort: Wir haben inzwischen erlebt, wie in den vergangen Jahren trotz der Freiheit Unmenschlichkeit, Unsittlichkeit und Ungerechtigkeit nicht verschwunden sind. Die menschliche Gesellschaft scheint sich von Gott zu entfernen. Gerade deshalb darf die Mariensäule in dieser Zeit nicht einsam stehen. Wir Christen müssen heute bewusst zu ihr aufschauen und unser Land unter den Schutz der Mutter des Herrn stellen.

Ewiger und barmherziger Gott,
in deiner Liebe
hast du die Jungfrau Maria erwählt,

Mutter deines menschgewordenen Sohnes zu werden.
Wie sie auf Erden
unserem Herrn Jesus Christus nahe gewesen ist,
so vertrauen wir im Glauben auch heute
auf ihre mütterliche Fürbitte.
In Zeiten der Not und des Krieges
hat gläubiges Vertrauen
im Herzen des bayerischen Landes
dieses ehrwürdige Bild errichtet.

Lass es uns ein Zeichen des Glaubens sein,
da die größte unter den Glaubenden
der Welt ihren göttlichen Sohn entgegenhält.
Lass die Vielen, die hier vorübergehen,
in Hoffnung aufschauen zu ihrem Kind,
das der Welt den Frieden gebracht hat.
Lass die Menschen dieses Landes,
das die Mutter der Liebe
zur Patronin erwählt hat,
in Liebe einander verbunden sein.

Jungfrau und Gottesmutter Maria,
breite deinen Mantel aus über dem Land.
Erflehe den Segen deines Sohnes allen,
die hier wohnen und vorübergehen,
denen, die Verantwortung tragen
für ihre Mitbürger,
und denen, die den Glauben künden.
Tritt ein am Thron deines Sohnes
für die Armen und Einsamen,
für die Kranken und Verzweifelten,
für die Familien und alle Menschen guten Willens.

Sei uns allen Vorbild und Mutter des Glaubens,
damit wir begründet seien in der Liebe
des dreifaltigen Gottes,
des Vaters und des Sohnes
und des Heiligen Geistes. Amen.

Oder:

Romano Guardini († 1968)

Aus dem Buch „Der Herr“.

Maria, Vorbild für unseren Glauben

Jeden Schritt, den der Herr in sein Gottesschicksal hinein getan hat, hat Maria mitgetan, aber im Glauben. Das Begreifen aber hat ihr erst Pfingsten gebracht. Da hat sie alles „verstanden“, was sie bis dahin glaubend „im Herzen bewahrt hatte“ [1]. Durch diesen Glauben steht sie näher neben Christus und tiefer im Werk der Erlösung als durch alle Wunder der Legende.

Von uns wird gefordert, daß wir im Glauben mit dem Geheimnis Gottes ringen und mit dem bösen Widerstand der Welt. Kein freundlich dichtendes, sondern ein hartes Glauben ist uns auferlegt. Je reiner wir die Gestalt der Mutter des Herrn aus dem Neuen Testament heraus verstehen, desto Größeres geht uns für unser Christenleben, wie es wirklich ist, auf.

Sie ist jene, die den Herrn mit ihrer lebendigen Tiefe umfangen hat; durch sein ganzes Leben hin und noch im Tode. Immer wieder mußte sie erfahren, wie Er, vom Geheimnis Gottes her lebend, ihr entwuchs. Immer wieder hob Er sich über sie hinaus, so daß sie den Schnitt des „Schwertes“ spürte [2]; aber immer wieder hob sie sich im Glauben Ihm nach und umfing Ihn neu. Bis Er zuletzt nicht einmal mehr ihr Sohn sein wollte. Der Andere, der neben ihr stand, sollte es nun sein. Jesus stand allein, droben, auf dem schmalsten Grat der Schöpfung, vor Gottes Gerechtigkeit. Sie aber nahm im letzten Mit-Leiden die Trennung an – und stand, gerade darin, im Glauben, wieder neben Ihm. Ja, wahrlich, „selig Du, daß Du geglaubt hast!“ [3]

[1] Vgl. Lk 2,19.51. [2] Vgl. Lk 2,35. [3] Lk 1,45.

RESPONSORIUM

R Selig bist du, heilige Jungfrau Maria, und allen Lobes würdig. * Denn aus dir ging hervor die Sonne der Gerechtigkeit, Christus, unser Gott und Heiland. Halleluja.

V In großer Freude feiern wir dein Fest, erhabene Patronin unseres Landes. * Denn aus dir ging hervor die Sonne der Gerechtigkeit, Christus, unser Gott und Heiland. Halleluja.

Te Deum, Stundenbuch II, S. 560 ff.

Oration wie in den LAUDES.

LAUDES

KURZLESUNG Gal 4,4-5

Als die Zeit erfüllt war, sandte Gott seinen Sohn, geboren von einer Frau und dem Gesetz unterstellt, damit er die freikaufe, die unter dem Gesetz stehen, und damit wir die Sohnschaft erlangten.

RESPONSORIUM

R Durch dich, o heilige Jungfrau, ist uns das Leben neu geschenkt. * Halleluja, halleluja. – R

V Aus dir ist der Welt der Heiland geboren. * Halleluja, halleluja.

Ehre sei dem Vater. – R

Benedictus-Ant. Der seligen Jungfrau lasst uns gedenken; sie bittet für uns bei Christus, dem Herrn, Halleluja.

Bitten aus den Commune-Texten für Marienfeste, Stundenbuch II, S. 1183 f.

Oration Gütiger Gott, du hast allen Menschen Maria zur Mutter gegeben; wir verehren sie in besonderer Weise als Schutzfrau unseres Landes. Bewahre uns unter ihrem mütterlichen Schutz vor jedem Angriff des Bösen und gib, dass wir ohne Furcht dir in Heiligkeit und Gerechtigkeit dienen. Darum bitten wir durch Jesus Christus, deinen Sohn, unseren Herrn und Gott, der in der Einheit des Heiligen Geistes mit dir lebt und herrscht in Ewigkeit.

Oratio Deus, qui dilécti Fílii tui Genitrícem nobis Matrem ac pátriæ patrónam dare dignátus es, concéde propítius, ut sub húius Matris tutéla ab omni hóstium defendámur incúrsu et sine timóre in sanctitáte et iustítia tibi serviámus. Per Dominum nostrum Iesum Christum Fílium tuum, qui tecum vivit et regnat in unitáte Spíritus Sancti, Deus, per ómnia sǽcula sæculórum.

ZWEITE VESPER

Eigentexte wie in der ERSTEN VESPER, S. 31 ff.

6. Mai

Hl. Sigismund

Märtyrer

Sigismund führte als König der Burgunder (516-523) sein Volk vom arianischen zum katholischen Glauben. Im 14. Jahrhundert kamen Reliquien des Heiligen nach Freising. Seitdem ist Sigismund neben Maria und Korbinian Patron des Domes in Freising und des Bistums.

Commune, Stundenbuch II, S. 1144 ff. (ein Märtyrer in der Osterzeit).

LESEHORE

ZWEITE LESUNG

Avitus von Vienne († 518)

Aus einer Homilie des Bischofs Avitus von Vienne, gehalten im Beisein des hl. Sigismund in der Basilika der Thebäischen Märtyrer zu Acaunum [St. Maurice im Wallis], am 22. September 515 anlässlich der Neueröffnung des Klosters.

Klostergründung durch Sigismund

Die nach alter Gewohnheit verlesene Passio hat das Lob der glückseligen Legion besungen, aus deren Gemeinschaft keiner verloren ging, weil keiner dem Tod entkam.

Frommer Fürst, auf dem Thron bist du zwar jünger als andere Fürsten, am Altar aber der erste von allen. Für viele deiner Werke schuldeten wir dir schon bisher Dank. Wir wurden reich beschenkt mit Wohltaten, doch wir sind arm an Worten; wir haben große Güter empfangen, uns aber nur wenig dankbar erwiesen. Du hast deinen Kirchen reiche Schenkungen gemacht und zahlreiche Gläubige gewonnen; du hast auf deine Kosten Altäre errichtet, um darauf reiche Gaben darzubringen. Nie entsprachen unsere Worte deinen Verdiensten. Aber wenn wir heute zum feierlichen Psalmengesang zusammengekommen sind, hielte ich es für unzureichend zu behaupten, du habest unsere Worte übertroffen. Heute hast du vielmehr deine eigenen Werke übertroffen.

Denn wer könnte verkennen, wie bedeutsam die Erneuerung des klösterlichen Lebens ist: Während in anderen Kirchen nur gelegentlich Gottesdienste gefeiert werden, beten die Christen hier ohne Unterlass; Christus wohnt hier immer in ihrer Mitte; der Bittsteller wird stets gehört, der Erhörende ist immer zugegen.

Euch, die ihr jetzt hier wohnen werdet, bestärkt die Arbeit des Alltags in der Hoffnung auf immerwährende Ruhe; wenn ihr mit dieser Arbeit gut beschäftigt seid, habt ihr keine Gelegenheit zu sündigen. Ihr flieht die Welt, doch ihr betet für die Welt. Bei eurem nächtlichen Wachen und Beten sollt ihr aller Menschen gedenken. Möge durch euer klösterliches Leben unser Land Gallien aufblühen; mögen auch alle anderen Länder nach dem verlangen, was diese Stätte bei uns bewirkt hat. Der heutige Tag sei der Beginn eines Lebens immerwährender Hingabe und bewirke ein größeres Ansehen unseres Landes, wenn ihr in der gegenwärtigen Welt Gott lobt und ihn auch in der künftigen loben werdet.

RESPONSORIUM

R Der heilige Märtyrer wurde im Wasser des Brunnens mit Christus begraben in den Tod. * Er wurde mit der Taufe getauft, die der Herr in seinem Blut empfing.

V Um Anteil zu erhalten an der Auferstehung, ist er Christus gleich geworden im Tod. * Er wurde mit der Taufe getauft, die der Herr in seinem Blut empfing.

LECTIO ALTERA

Avitus Viennis († 518)

Homília dicta in basílica Acaunénsium, in innovatióne monastérii ipsíus vel mártyrum.

Præcónium felícis exércitus, in cúius congregatióne beatíssima nemo périit, dum nullus evásit.

Multa sunt, piíssime præsul, in tribunáli alíquibus iúnior, in altário ómnium prior, multa sunt, inquam, in opéribus tuis, quibus nos háctenus grátias debuísse dicámus. Ditáti donis, páuperes verbis, percépimus magna, pauca persólvimus. Ornásti ecclésias tuas gazárum cúmulo, número populórum;

struxísti súmptibus quæ munéribus cumuláres altária. Nunquam quidem contúlimus verba virtúti; sed cum ad præsens psalmisónum sollémne pervéntum est, parum puto si dicam verba nostra; vicísti hódie ínsuper et ópera tua. Quis enim negárit, intérdum tabernáculis innovári officiórum mutatióne vacántibus, illud gloriósum innovári quo semper Christiánus sonet, semper Christus hábitet; semper audiátur petens, semper videátur exáudiens?
Vos nunc habitúros hic sǽculi labor ad spem perpétuæ quiétis invítat, quibus occupátis actióne felíci omne peccándi tempus exclúditur. Mundum quidem fúgitis, sed oráte pro mundo. Sanctum vigiláre vestrum cunctis invígilet, quo iúgiter nobis institutióne tali.
Gállia nostra foréscat; orbis desíderet quod locus invéxit; incipiátur hodie et devotióni ætérnitas et dígnitas regióni, laudántibus in præsénti sæculo Deum, laudatúris páriter in futúro.

Oration Heiliger Gott, du hast den König Sigismund dazu erwählt, sein Volk zum rechten Glauben zu führen; du hast seine Buße für begangenes Unrecht gnädig angenommen. Auf seine Fürsprache gib auch uns die Gnade, das Böse zu besiegen und bei dir Erbarmen zu finden. Darum bitten wir durch Jesus Christus, deinen Sohn, unseren Herrn und Gott, der in der Einheit des Heiligen Geistes mit dir lebt und herrscht in Ewigkeit.

Oratio Deus, qui beátum Sigismúndum regem elegísti, ut pópulum suum ad veram fidem sequéndam movéret, quique eum, pro commísso scélere pæniténtem, misericórditer suscípere dignátus es, ipso pro nobis interveniénte concéde, ut mala cuncta vincéntes apud te misericórdiam consequámur. Per Dóminum nostrum Iesum Christum Fílium tuum, qui tecum vivit et regnat in unitáte Spíritus Sancti, Deus, per ómnia sǽcula sæculórum.

9. Mai

Sel. Maria Theresia von Jesu Gerhardinger

Jungfrau und Ordensgründerin

Gedenktag

Gründerin der Kongregation der Armen Schulschwestern Unserer Lieben Frau (1797-1879); selig gesprochen durch Papst Johannes Paul II. in Rom am 17. November 1985; Grab in der Kirche St. Jakob am Anger in München.

Commune, Stundenbuch II, S. 1325ff. (Jungfrauen).

LESEHORE

ZWEITE LESUNG

Aus dem geistlichen Testament der seligen Maria Theresia von Jesu Gerhardinger.

Gottesliebe und klösterlicher Gehorsam

„Seid vollkommen", fordert uns unser Herr auf, „wie euer Vater im Himmel vollkommen ist!" Unsere Vollkommenheit besteht nach meinem Dafürhalten in der Liebe zu Gott. Soviel wir Liebe zu Gott haben, soviel sind wir vor Gott vollkommene Ordenspersonen. Gott sei demnach in allen Dingen unser Ziel, unser höchstes Gut, in dem wir alles finden, was uns zufrieden und wahrhaft glücklich macht. Ihm wollen wir täglich, ja stündlich und vor jedem einzelnen Werk unsere innersten Gedanken bringen, ihn mit jedem Wort ehren. Dulden wir nie etwas in unserem Herzen, was nicht Gottes ist. Schenken wir Gott unser ganzes Herz; es gehört ihm ja ... Ihn lasst uns über alles lieben, unsere Mitschwestern, unsere Nächsten aber wie uns selbst. Der Heilige Geist hat uns ja zusammengeführt und Jesus Christus das enge Band unter uns geknüpft, uns als Schwestern angenommen in seinen Dienst ...

Warum aber unterwerfen wir uns dem klösterlichen Gehorsam und lassen unseren Eigenwillen nicht mehr gelten? Warum entsagen wir dem Eigentum und dem Streben nach Besitz zeitlicher Güter und leben freiwillig arm? Warum bleiben wir ehelos und dem Weltgetriebe fern? Warum sollen wir unablässig uns zu heiligen suchen? Damit wir desto besser und freier von den Sorgen dieses Lebens den Kindern als geistliche Mütter begegnen und unserem Heiland in ihnen dienen können... Wenn aus unseren Schulen und Pensionaten viele christliche und tüchtige junge Frauen hervorgehen, die Familien gründen, werden wir dazu beitragen, dass Gott verherrlicht, verehrt, geliebt und so sein Reich ausgebreitet wird – wie wir täglich beten. Dafür sollen wir alles einsetzen, wie es der Herr selbst unermüdlich bis an sein Ende tat, da er unter uns auf Erden wandelte, und nach ihm seine Apostel, welche Armut, Hunger, Blöße, Verfolgung, Geißel, Bande, Kerker und selbst den Martertod erlitten, um die Menschen zu Gott zu führen.

RESPONSORIUM

R Zeigt euch fest und unerschütterlich, nehmt immer eifriger teil am Werk des Herrn. * Denkt daran, dass im Herrn eure Mühe nicht vergeblich ist.
V Seid fröhlich in der Hoffnung, geduldig in der Bedrängnis, beharrlich im Gebet. * Denkt daran, dass im Herrn eure Mühe nicht vergeblich ist.

Oration Allmächtiger Gott, du hast die selige Maria Theresia berufen, Menschen zu einem christlichen Leben in Familie und Gesellschaft zu erziehen. Hilf uns auf ihre Fürsprache, die Botschaft des Heils zu verkünden und so für das Kommen deines Reiches zu wirken. Darum bitten wir durch Jesus Christus, deinen Sohn, unseren Herrn und Gott, der in der Einheit des Heiligen Geistes mit dir lebt und herrscht in Ewigkeit.

Oratio Dómine Deus, qui beátam Maríam Terésiam a Iesu vírginem cæléstibus donis cumulásti, tríbue, quǽsumus, ut eius virtútes æmulántes in terris, gáudiis cum ipsa perfruámur ætérnis. Per Dóminum nostrum Iesum Christum Fílium tuum, qui tecum vivit et regnat in unitáte Spíritus Sancti, Deus, per ómnia sǽcula sæculórum.

(MR ^{3}2002, Commune virginum 2, S. 949)

5. Juni

Hl. Bonifatius

Bischof, Glaubensbote, Märtyrer

Siehe Stundenbuch II, S. 1127 f. bzw. Stundenbuch III, S. 785 f.

12. Juni

Sel. Märtyrer von Dachau

Zwischen dem 22. März 1933 und dem 29. April 1945 waren im Konzentrationslager Dachau über 200 000 Menschen inhaftiert, von denen 41 500 durch das nationalsozialistische Unrechtsregime ermordet wurden. Unter ihnen waren auch 200 Männer, die von der Kirche als Märtyrer anerkannt und von denen schon 55 Priester, Ordensleute und Laien selig gesprochen wurden. 45 dieser Männer kamen aus Polen und gehören zu den 108 seligen Märtyrern, derer die Kirche in Polen heute gedenkt. Mit ihrem Gedenken verbindet die Kirche von München und Freising das Gedächtnis aller Seligen, die im Konzentrationslager Dachau oder an den Folgen ihres Aufenthaltes dort ihr Leben verloren haben.

Commune, Stundenbuch III, S. 1085 ff. (Mehrere Märtyrer).

LESEHORE

ZWEITE LESUNG

Hl. Johannes Paul II. († 2005)

Aus einer Predigt in Bromberg (7. Juni 1999)

»Selig, die um der Gerechtigkeit willen verfolgt werden; denn ihnen gehört das Himmelreich«[1].

Auf wen beziehen sich die Worte Christi aus der Bergpredigt? Sie beziehen sich in erster Linie auf Christus selbst. Er ist arm, er ist sanftmütig, er ist ein Friedensstifter, er ist barmherzig, und er ist auch einer, der um der Gerechtigkeit willen verfolgt wird. Diese Seligpreisung stellt uns ganz besonders die Ereignisse am Karfreitag vor Augen: Christus, zum Tode verurteilt wie ein Verbrecher und dann ans Kreuz geschlagen. Auf dem Kalvarienberg schien es so, als habe Gott ihn verlassen und als sei er dem Hohn der Menschen preisgegeben.

»Selig, die um der Gerechtigkeit willen verfolgt werden.«

Auf wen beziehen sich diese Worte denn sonst noch? Auf viele, viele Menschen, denen es im Laufe der Menschheitsgeschichte gegeben war, die Verfolgung um der Gerechtigkeit willen zu erleiden. Wir wissen, dass die ersten drei Jahrhunderte nach Christus von manchmal furchtbaren Verfolgungen geprägt waren, vor allem unter verschiedenen römischen Kaisern, von Nero bis hin zu Diokletian. Und obwohl diese Verfolgungen seit der Zeit des Mailänder Edikts aufhörten, hat es sie doch zu verschiedenen Zeiten der Geschichte an zahlreichen Orten der Erde immer wieder gegeben.

Auch unser Jahrhundert hat ein großes Martyrologium geschrieben. Ich selbst habe im Laufe meines zwanzigjährigen Pontifikats zahlreiche Gruppen

[1] Mt 5,10.

von Märtyrern zur Ehre der Altäre erhoben: Japaner, Franzosen, Vietnamesen, Spanier, Mexikaner. Und wie viele hat es während des Zweiten Weltkriegs und unter dem kommunistischen Herrschaftssystem gegeben! Sie litten und starben in den Vernichtungslagern Hitlers oder Stalins. Der Moment ist nun gekommen, um aller dieser Opfer zu gedenken und ihnen die gebührende Ehre zu erweisen. Sie sind »häufig unbekannte [Märtyrer], gleichsam ›unbekannte Soldaten‹ der großen Sache Gottes«[2]. Alle legten für ihre Treue zu Christus Zeugnis ab – trotz grausamer und entsetzlicher Qualen. Ihr Blut ergoss sich über unsere Erde und machte sie für Wachstum und Ernte fruchtbar.

»Selig seid ihr, wenn ihr um meinetwillen beschimpft und verfolgt werdet«[3].

Christus verspricht denen, die ihm nachfolgen, kein einfaches Leben. Vielmehr verkündet er, dass sie, wenn sie das Evangelium leben, zum Zeichen des Widerspruchs werden müssen. Wenn er selbst die Verfolgung erlitt, dann werden auch die Jünger dieses Schicksal teilen: »Nehmt euch aber vor den Menschen in Acht! Denn sie werden euch vor die Gerichte bringen und in ihren Synagogen auspeitschen«[4].

Das Martyrium ist für den Menschen immer eine große und radikale Prüfung: die höchste Prüfung des Menschseins, die Prüfung der Würde des Menschen vor Gott selbst. Ja, es ist eine große Prüfung für den Menschen, die sich vor den Augen Gottes selbst vollzieht, aber auch vor den Augen einer Welt, die Gott vergessen hat. Aus dieser Prüfung geht der Mensch dann siegreich hervor, wenn er sich von der Kraft der Gnade unterstützen lässt und zum beredten Zeugen dieser Gnade wird.

Steht nicht auch ein Glaubender, der das Recht auf Religions- und Gewissensfreiheit verteidigt, vor ei-

[2] Tertio millenio adveniente Nr. 37. [3] Mt 5,11. [4] Mt. 10,17.

ner solchen Prüfung? Ich denke hier an alle jene Brüder und Schwestern, die während der Verfolgungen gegen die Kirche ihre Treue zu Gott unter Beweis stellten. Es war eine schwere Bewährungsprobe für die Gewissen dieser Menschen, ein echtes Martyrium des Glaubens, der vor den Menschen bekannt werden wollte. Es war eine Zeit oft sehr leidvoller Prüfung.
Heute wollen wir ihnen die Ehre erweisen, weil sie sich dieser Prüfung furchtlos stellten und weil sie uns den Weg zum dritten Jahrtausend gezeigt haben. Sie sind für uns ein wichtiger Bezugspunkt. Sie zeigen mit ihrem Leben: Die Welt braucht diese Art von »Narren Gottes«. Sie braucht Menschen, die Mut zum Lieben haben und vor keinem Opfer zurückschrecken in der Hoffnung, dass es eines Tages reiche Frucht bringen wird.

RESPONSORIUM

R Selig seid ihr, wenn ihr um meinetwillen beschimpft und verfolgt und auf alle mögliche Weise verleumdet werdet. Freut euch und jubelt * euer Lohn wird groß sein im Himmel.
V Selig, die um der Gerechtigkeit willen verfolgt werden; denn ihnen gehört das Himmelreich. * Euer Lohn wird groß sein im Himmel.

Oration Allmächtiger, ewiger Gott, in großer Bedrängnis hast du den seligen Märtyrern von Dachau die Gnade geschenkt, bis in den Tod für Wahrheit und Gerechtigkeit zu kämpfen. Auf ihre Fürsprache hilf uns, aus Liebe zu dir alles Widrige zu ertragen und mit ganzer Kraft dir, dem wahren Leben, entgegenzueilen. Durch Jesus Christus, deinen Sohn, unseren Herrn und Gott, der in der Einheit des Heiligen Geistes mit dir lebt und herrscht in alle Ewigkeit.

Oratio **Omnípotens sempitérne Deus, qui beátis martýribus Dachoviénsibus magna in tribulatióne usque ad mortem pro veritáte et iustítia dimicáre tribuísti, eórum nobis intercessióne concéde, ut propter amórem tui ómnia advérsa tolerémus et ad te, qui solus es vita, totis víribus properémus. Per Dóminum nostrum Iesum Christum Fílium tuum, qui tecum vivit et regnat in unitáte Spíritus Sancti, Deus, per ómnia sǽcula sæculórum.**

16. Juni

Hl. Benno

Bischof

Patron der Stadt München

Gedenktag

In der Stadt München: Hochfest

Bischof Benno von Meißen starb am 16. Juni 1106. Seine Reliquien wurden 1576 nach München gebracht und Herzog Albrecht V. übergeben. 1580 wurden sie in die Frauenkirche übertragen und Benno wurde zum Patron der Stadt München und des Herzogtums Bayern erklärt.

Commune, Stundenbuch III, S. 1130 ff. (Hirten der Kirche); Oration S. 793.

In der Stadt München:

ERSTE VESPER, LAUDES UND ZWEITE VESPER

HYMNUS (zur Wahl)

**Sankt Benno, Bischof hoch in Ehren,
du treuer Schirmherr unsrer Stadt,**

die, alles Unheil abzuwehren,
sich deinem Schutz empfohlen hat:
Bewahre sie von Krieg und Stürmen,
vor Drangsal in verworrner Zeit,
dass Friede sei in ihren Türmen,
in jedem Haus Geborgenheit.

Sankt Benno, der um Recht und Treue
Verbannung und Verfolgung trug,
sieh auf dein Volk, dem stets aufs neue
die Zwietracht bittre Wunden schlug.
Lehr uns, den Nachbarn zu verstehen,
dem Ungeliebten zu verzeihn,
den Bruder auch im Fremden sehen,
von Herzen allen offen sein.

Sankt Benno, halte uns im Glauben,
der uns den Weg zum Leben führt.
Wehr ab die Mächte, die ihn rauben!
Sei unsrer Stadt ein guter Hirt!
Entzünde Gottes Licht aufs neue,
hol das Verlorne aus der Nacht,
dass unser Herr in seiner Treue
die Stadt zu seiner Wohnung macht.

17. Juni

Hl. Quirinus

Märtyrer

Römischer Märtyrer, der unter Kaiser Claudius (268-270) durch das Schwert für seinen Glauben starb. Die Reliquien kamen im 8. Jahrhundert nach Tegernsee.

Commune, S. 1105 ff. (ein Märtyrer).

16. Juli

Sel. Irmengard

Äbtissin

Gedenktag

Irmengard, Tochter König Ludwigs des Deutschen, gestorben am 16. Juli 866, war Äbtissin im Kloster Frauenchiemsee. Sie gilt als Frau der tätigen Nächstenliebe.

Commune, S. 1244 ff. (Ordensleute).

LESEHORE

ZWEITE LESUNG

Cassiodor († nach 580)

Aus einer Auslegung zu Psalm 45 (44).

Die Herrlichkeit der königlichen Jungfrau

„Die Königin steht dir zur Rechten in vergoldetem Kleid, in bunt gewirktem Gewand."[1] Wunderbar wird sie beschrieben; der Vernunft wird vor Augen geführt, was der Blick der leiblichen Augen nicht sehen kann.

Zuerst wird die Schönheit des Bräutigams gepriesen, dann seine Kraft hervorgehoben, danach von seinem Thron und von seiner Herrschermacht gesprochen. Weil es sich um die Hochzeitsfreude handelt, wird die Verwendung aller Arten süßen Wohlgeruchs in ihrer mystischen Bedeutung erklärt. Schließlich wird auch die wunderbare Schönheit der Königin genannt und gesagt, wo sie sich herleitet.

Die Königin wird im Geschmeide kostbarer Tugenden an die rechte Seite Gottes gestellt, damit jede glaubende Seele zu hoher Beschauung gelange, die überirdischen Gaben erblicke und erkenne, welche Verehrung wir ihr auf Erden zollen müssen, da wir die hohe Ehre sehen, die ihr im Himmel zuteil wird. Sie ist die Königin, die im Hohenlied singt: „Mit Küssen seines Mundes bedecke er mich!“[2] und was sonst alles in diesem Text in mystischer Rätselrede gesagt wird.

Beachte: Vorher hat der Psalmist den Thron unseres Herrn Christus besungen. Hier aber heißt es, die Königin sei an seine Rechte getreten, weil die Rechte die Ehrenseite des Bräutigams ist, von dem wir wissen, dass er das Haupt der Kirche ist.

Es folgt: „In vergoldetem Kleid“. Unter dem Gold haben wir den Glanz der Liebe zu verstehen, in der die in Tugend gekleidete Kirche leuchtet. Und damit du nicht denkst, die Liebe sei allein da, heißt es: „in vergoldetem Kleid“, nicht: „in goldenem“. Denn „vergoldet“ nennen wir einen Stoff, der mit Goldglanz überzogen ist. Deswegen strahlt die Liebe vor allen anderen Tugenden, weil ihr Glanz alles andere übertrifft.

Der Psalmensänger fügt hinzu: „in bunt gewirktem Gewand“. Überlegen wir, weshalb die Kirche Gottes wegen des bunt gestickten Gewandes gerühmt wird, da ihr doch alles in Einfachheit und Einheit zukommt. Nun, hier besagt „bunt“ die vielen Sprachen, weil jedes Volk in seiner Sprache den Schöpfer preist. Oder es meint die wunderbare Verschiedenheit der Tugenden. Denn die Kirche ist geschmückt mit dem Gold der Apostel, dem Silber der Propheten, den Perlen der Jungfrauen, dem Rot der Märtyrer und dem Purpur der Büßer. Da ist also die Einheit in der Vielfalt, die reiche Mannigfaltigkeit aus allen Völkern, wohlgefällig durch ein heiliges Leben. Dies ist das eine bunt gewirkte Gewand, zusammengewebt für den Herrn.

[1] Vgl. Ps 45,10. [2] Hld 1,1.

RESPONSORIUM

R Freu dich und juble, Jungfrau, Tochter Zion! * Der König verlangt nach deiner Schönheit.
V Deine Mauern, Jerusalem, sind erbaut aus edlem Gestein, deine Tore hallen wider von Jubelgesängen. * Der König verlangt nach deiner Schönheit.

LECTIO ALTERA

Cassiodor († post 580)

Expositio in Psalmum 44

„Ádstetit regína a dextris tuis in vestítu deauráto, circumamícta varietáte.“[1] Mirábili totum relatióne descríbitur. Ante óculos enim intelligéntiæ reddit quæ aspéctu corpóreo non vidéntur.
Prius enim Sponsi pulchritúdo laudáta est, póstea virtus eius asseráta, tértio sedes ipsíus potestásque narráta est. Et quia nuptiále gáudium agebátur, odóris suavíssimi spécies sub mýsticis interpretatiónibus noscúntur adhíbitæ. Quarto dícitur ipsíus quoque regínæ unde véniat mirábilis pulchritúdo. Tunc ad divínam déxteram ornáta pretiósis virtútibus collocátur, ut omnis ánima fidélis in supérnam contemplatiónem porrécta, cæléstia vota conspíciat sciátque qualem illi in terris débeat exhibére reveréntiam, quam in cælo sic intélligit honorátam.
Ipse est regína, quæ in Cánticis canticórum dicit: „Osculétur me ósculo oris sui“[2] et cétera quæ mýsticis ænigmátibus ille textus elóquitur.
Et consídera quai sedem supérius laudávit Dómini Salvatóris; hic autem „a dénteris adstetísse“ dicit „regínam“, quia déxtera honorábilis pars est Sponsi, quem caput constat esse Ecclésiæ.
Séquitur „in vestítu deauráto“. Aurum ad caritátis debémus aptáre fulgórem, qua virtúte circumdáta sancta respléndet Ecclésia. Et ne solam ibi intellé-

geres esse caritátem, „in vestítu“, dixit, „deauráto“, non áureo. „Deaurátum“ enim dícimus, quando superdúcta spécies auri in áliqua matéria glutinátur. Ideo autem supra virtútes álias grátia caritátis appáruit, quia ómnia eius fulgor excéllit.

Áddidit „circumamícta varietáte“. Perscrutémur cur Ecclésia Dei de vestis varietáte laudétur, cui totum simplex cónvenit atque unum. Sed hic „varietátem“, aut línguas multíplices signíficat, quia omnis gens secúndum suam pátriam Ecclésia psallit auctóri; aut virtútum pulchérrimam diversitátem. Ornátur enim auro apostolórum, argénto prophetárum, gemmis vírginum, cocco mártyrum, púrpura pæniténtium. Ista est ergo varíetas unitátis, quæ óculis Dómini ex ómnibus géntibus pia conversatióne placitúra contéxitur.

[1] Ps 44,10. [2] Cant. 1,1.

Oration Gott, du Herr der ganzen Welt, du hast die Königstochter Irmengard zum klösterlichen Leben und zur Sorge für die Armen berufen. Auf ihre Fürsprache gib auch uns die Gnade, dass wir in allem dich suchen und reich werden an guten Werken. Darum bitten wir durch Jesus Christus, deinen Sohn, unseren Herrn und Gott, der in der Einheit des Heiligen Geistes mit dir lebt und herrscht in Ewigkeit.

Oratio Deus, totíus mundi Dominátor, cuius múnere beáta Irmengárdis vitam monásticam agens, paupéribus sublevándis toto corde incúbuit, ipsa pro nobis interveniénte concéde, ut te in ómnibus quæréntes bonis opéribus abundémus. Per Dóminum nostrum Iesum Christum Fílium tuum, qui tecum vivit et regnat in unitáte Spíritus Sancti, Deus, per ómnia sǽcula sæculórum.

30. Juli

Sel. Batho

Priester, Glaubensbote

Batho, Priester und Missionar in den Ostalpenländern, wirkte im 11. Jahrhundert, zuletzt als Kaplan Bischof Ellenhards in Freising. Sein Grab befindet sich heute in der Pfarrkirche von Nandlstadt.

Commune, Stundenbuch III, S. 1130 ff. (Hirten der Kirche).

LESEHORE

ZWEITE LESUNG

Kardinal Julius Döpfner († 1976)

Aus einer Predigt bei der Feier einer Priesterweihe.

Die gesunde Lehre

Wir hörten das Mahnwort des Apostels: „Halte dich an die gesunde Lehre, die du von mir gehört hast; nimm sie dir zum Vorbild, und bleibe beim Glauben und bei der Liebe, die uns in Christus Jesus geschenkt ist.“ [1]

Beachten wir zunächst, wie hier angeknüpft wird am Glauben und an der Liebe auf Christus hin. Das ist entscheidend, und darum müssen wir immer wieder bitten: „Herr, stärke unseren Glauben!“ [2] Dann kommt die Mahnung: „Halte dich an die gesunde Lehre!“ Das ist eine sehr nüchterne Mahnung. Wir sind es ja gewohnt, gerade von den Pastoralbriefen zu sagen, sie seien besonders aus der Sorge heraus geschrieben, dass die rechte, die wahre Lehre, das kostbare übergebene Gut nicht gemindert wird durch Häresien und durch falsche Lehren. Die Pastoralbriefe müssen gewiss zusammengenommen werden mit den paulinischen Hauptbriefen, mit der ganzen reichen, wachsenden Vielfalt des Wortes Gottes, wie es sich ausdrückt in den verschiedenen Schriften des Neuen Testaments. Aber, meine Lieben, das ist uns doch allen klar, dass dieses Wort gerade in der gegenwärtigen Zeit seine besondere Aktualität hat. Wir wollen das Wort ernst nehmen: „die gesunde Lehre, die du von mir gehört hast". Meine lieben Mitbrüder, das ist und bleibt ein besonderer Auftrag für euch, dass ihr das kostbare Gut seht, wie es von den Aposteln her durch die Kirche übernommen wird.

Aber mir scheint, so wäre das Wort von der gesunden Lehre nicht in seiner ganzen Tiefe erfasst. Wenn es eine „gesunde" Lehre ist, dann ist es eine heilende, eine heilsame; und der Gegensatz dazu wäre „krank". Ist das nicht von erregender Aktualität im Blick auf den Menschen von heute in dieser hektischen, säkularisierten, von der Sinnfrage geschüttelten Zeit? Welch eine erregende und zugleich glückselige Aktualität der Botschaft des Herrn! Meine lieben Brüder, es geht gerade nicht darum, dass Sie den Menschen den Rücken kehren und hinstarren auf die gesunde, abstrakte, überlieferte Lehre, sondern es geht darum, dass wir selbst als Glaubende, als Suchende, als „Kranke", als solche, die in unserer Zeit als Kinder dieser Zeit stehen, dass wir uns innerlich heilen und stärken lassen, dass wir trinken von dieser gesunden Lehre mit einem tiefen Durst, und dann an die Straßen unserer Zeit gehen, zu all denen, die der Hilfe, der Gnade unseres Herrn Jesus Christus bedürfen. Mir scheint, so bekommt dieses Wort von der „gesunden Lehre" einen dynamischen Klang für Ihre Aufgabe als Priester.

[1] 2 Tim 1,13. [2] Lk 17,5.

RESPONSORIUM

R Ihr nahmt Christus Jesus als Herrn an; darum lebt auch in ihm. Auf ihn seid ihr gegründet; baut auf ihn und haltet an dem Glauben fest, in dem ihr unterrichtet wurdet. * Hört nicht auf zu danken.

V Kämpft den guten Kampf des Glaubens! Ergreift das ewige Leben! * Hört nicht auf zu danken.

Oration Gott, du Vater aller Menschen, der selige Priester Batho hat sich nicht mit dem Wirken in der Heimat begnügt, sondern dein Evangelium zu den Heiden getragen. Auf seine Fürsprache hilf uns die Verantwortung sehen, die wir alle für die Ausbreitung des Glaubens tragen. Darum bitten wir durch Jesus Christus, deinen Sohn, unseren Herrn und Gott, der in der Einheit des Heiligen Geistes mit dir lebt und herrscht in Ewigkeit.

Oratio Deus, ómnium hóminum Pater, qui beátum Bathónem suscitásti, ut evangélium ultra fines pátriæ suæ étiam géntibus prædicáret, præsta, quæsumus, ut eius intercessióne fídei propagándæ omnes strénue inserviámus. Per Dóminum nostrum Iesum Christum Fílium tuum, qui tecum vivit et regnat in unitáte Spíritus Sancti, Deus, per ómnia sǽcula sæculórum.

7. August

Hl. Afra

Märtyrin

Afra starb als Blutzeugin am 7. August 304 bei Augsburg, der Legende nach wurde sie verbrannt. Sie steht beispielhaft für christliches Leben in Bayern zur Römerzeit. An ihrem Grab hat eine christliche Gemeinde die Zeit der Völkerwanderung überstanden.

Commune, Stundenbuch III, S. 1105 ff. (eine Märtyrin).

LESEHORE

ZWEITE LESUNG

Johannes Chrysostomus († 407)

Aus einer Auslegung zum Matthäusevangelium.

Der Zeuge Christi vor den Mächtigen der Welt

„Sie werden euch vor die Gerichte bringen und in ihren Synagogen auspeitschen. Ihr werdet um meinetwillen vor Statthalter und Könige geführt, damit ihr vor ihnen und den Heiden Zeugnis ablegt.“[1]

Wie groß ist die Macht dessen, der da redet, wie groß die Liebe zur Weisheit bei den Hörern! Mit vollem Recht staunen wir, dass sie beim Hören solcher Reden nicht gleich wegliefen – schüchterne Leute, wie sie es waren, die niemals über den See, in dem sie fischten, hinausgekommen waren. Warum dachten sie gar nicht daran, und warum sagten sie nicht zu sich selbst: Wohin sollen wir denn nun fliehen? Die Gerichte, die Könige und die Statthalter sind gegen uns, die Synagogen und das Volk der Heiden, die Herrscher und die Beherrschten! Der Herr hat ihnen ja nicht nur vorausgesagt, welche Leiden ihrer in Palästina warten. Er hat ihnen auch offen von den Kämpfen gesprochen, die sie auf dem ganzen Erdkreis zu bestehen haben: „Ihr werdet vor Könige und Statthalter geführt“, womit er darauf hinweist, dass er sie später auch als Verkünder zu den Heiden senden will. Die ganze Welt hast du gegen uns zum Kampf aufgerufen, alle Bewohner der Erde gegen uns gewappnet, die Völker, die Tyrannen und die Könige!

Danach kommt es noch viel schlimmer: dass nämlich Menschen unseretwegen zu Mördern ihrer Brüder, Kinder und Väter werden sollen: „Brüder werden einander dem Tod ausliefern und Väter ihre

[1] Mt 10,17 f.

Kinder, und die Kinder werden sich gegen ihre Eltern auflehnen und sie in den Tod schicken."[2] Wie sollen denn andere gläubig werden, wenn sie sehen, dass um unsertwillen Kinder von ihren Vätern und Brüder von ihren Brüdern umgebracht werden und dass alles so voller Gräuel ist? Wird man uns nicht wie böse Dämonen, Fluchbeladene und Zerstörer der Welt überall vertreiben, wenn man sieht, dass die Erde voll ist vom Blut von Verwandten und von solchen Mordtaten? Wir bringen keinen Frieden in die Häuser, wenn wir sie mit solchen Bluttaten anfüllen. Wären wir wenigstens viele und nicht bloß zwölf! Wären wir doch nicht so ungebildete und einfältige Männer, sondern gelehrte und sprachgewaltige Redner! Mehr noch: Wären wir doch selbst Könige, Heerführer und reiche Leute! Wie sollen wir jemand überzeugen, wenn wir Bürgerkriege hervorrufen und noch Schlimmeres als Bürgerkriege? Wenn wir auch unser eigenes Leben gering schätzen, wie sollen uns andere folgen?

Doch all das dachten und sagten die Apostel nicht. Sie fragten auch nicht nach den Gründen für diese Anordnungen, sondern sie sagten ja und gehorchten. Und der Herr hatte keinen geringen Trost für sie: „Wenn man euch vor Gericht stellt, macht euch keine Sorgen, wie und was ihr reden sollt; denn es wird euch in jener Stunde eingegeben, was ihr sagen sollt. Nicht ihr werdet dann reden, sondern der Geist eures Vaters wird durch euch reden."[3] Die Apostel sollen nicht sagen können: Wie werden wir gehorchen können, wenn solche Dinge geschehen? Darum heißt er sie, auch wegen der Verteidigung guten Mutes zu sein. Während er ein andermal sagt: „Ich werde euch die Worte und die Weisheit eingeben"[4], erklärt er hier: „Der Geist eures Vaters wird durch euch reden." Damit erhebt er sie zur Würde von Propheten.

[2] Mt 10,21. [3] Mt 10,19f. [4] Lk 21,15.

RESPONSORIUM

R Ihr werdet um meinetwillen vor Statthalter und Könige geführt, damit ihr vor ihnen und den Heiden Zeugnis ablegt. * Macht euch keine Sorgen; der Geist eures Vaters wird durch euch reden.

V Fürchtet euch nicht vor denen, die den Leib töten, die Seele aber nicht töten können. * Macht euch keine Sorgen; der Geist eures Vaters wird durch euch reden.

Oration Allmächtiger Gott, du lässt die Anfänge der Kirche unserer Heimat aufleuchten durch das kostbare Blutzeugnis der heiligen Jungfrau Afra. Gib, dass wir ihrer Treue zum Bekenntnis des Glaubens folgen und deine Herrlichkeit erlangen in der Gemeinschaft der Heiligen. Darum bitten wir durch Jesus Christus, deinen Sohn, unseren Herrn und Gott, der in der Einheit des Heiligen Geistes mit dir lebt und herrscht in Ewigkeit.

Oratio Omnípotens, sempitérne Deus, qui ecclésiæ regiónis nostræ exórdia sanctæ Afræ vírginis pretióso testimónio illustráre dignátus es, da, quǽsumus, nobis, ut illam in confessióne fídei sequéntes, tuam glóriam conséqui valeámus. Per Dóminum nostrum Iesum Christum Fílium tuum, qui tecum vivit et regnat in unitáte Spíritus Sancti, Deus, per ómnia sǽcula sæculórum.

12. August

Sel. Karl Leisner

Priester und Märtyrer

Karl Leisner wurde am 28. Februar 1915 in Rees am Niederrhein geboren. Im Konzentrationslager Dachau wurde er am 17. Dezember 1944 heimlich zum Priester geweiht. Seine erste und einzige Messe zelebrierte der Neupriester am Stephanustag 1944. Am 12. August 1945 starb er in Planegg. Die letzte Eintragung in sein Tagebuch lautet: „Segne auch, Höchster, meine Feinde!“ Sein Grab befindet sich in der Krypta des Xantener Domes. Am 23. Juni 1996 wurde Karl Leisner von Papst Johannes Paul II. in Berlin selig gesprochen.

Commune, Stundenbuch, S. 1105 ff. (ein Märtyrer).

LESEHORE

ZWEITE LESUNG

Papst Johannes Paul II. († 2005)

Aus dem Apostolischen Schreiben *Tertio millennio adveniente*

Christus – meine Leidenschaft

Die Kirche des ersten Jahrtausends ist aus dem Blut der Märtyrer entstanden: „Sanguis martyrum – semen christianorum“. Die geschichtlichen Ereignisse im Zusammenhang mit der Gestalt Konstantins des Großen hätten niemals eine Entwicklung der Kirche, wie sie im ersten Jahrtausend eintrat, gewährleisten können, wenn es nicht jene Märtyrersaat und jenes Erbe an Heiligkeit gegeben hätte, die die ersten Christengenerationen kennzeichnen. Am Ende des zweiten Jahrtausends ist die Kirche erneut zur Märtyrerkirche geworden. Die Verfolgung von Gläubigen – Priestern, Ordensleuten und Laien – hat in verschiedenen Teilen der Welt eine reiche Saat von Märtyrern bewirkt. Das Zeugnis für Christus bis hin zum Blutvergießen ist zum gemeinsamen Erbe von Katholiken, Orthodoxen, Anglikanern und Protestanten geworden, wie schon Paul VI. in der Homilie bei der Heiligsprechung der Märtyrer von Uganda betonte.

Das ist ein Zeugnis, das nicht vergessen werden darf. Die Kirche der ersten Jahrhunderte war, obwohl sie

auf beträchtliche organisatorische Schwierigkeiten stieß, darum bemüht, das Zeugnis der Märtyrer in eigenen Martyrologien festzuhalten. Diese Martyrologien wurden die Jahrhunderte hindurch ständig auf den letzten Stand gebracht, und in das Verzeichnis der Heiligen und Seligen der Kirche haben nicht nur diejenigen Eingang gefunden, die für Christus ihr Blut vergossen haben, sondern auch Glaubenslehrer, Missionare, Bekenner, Bischöfe, Priester, Jungfrauen, Eheleute, Witwen, Kinder.
In unserem Jahrhundert sind die Märtyrer zurückgekehrt, häufig unbekannt, gleichsam „unbekannte Soldaten" der großen Sache Gottes. Soweit als möglich dürfen ihre Zeugnisse in der Kirche nicht verloren gehen. Wie beim Konsistorium empfohlen wurde, muss von den Ortskirchen alles unternommen werden, um durch das Anlegen der notwendigen Dokumentation nicht die Erinnerung zu verlieren an diejenigen, die das Martyrium erlitten haben. Dies sollte auch einen ökumenisch beredten Zug haben. Der Ökumenismus der Heiligen, der Märtyrer, ist vielleicht am überzeugendsten. Die communio sanctorum, Gemeinschaft der Heiligen, spricht mit lauterer Stimme als die Urheber von Spaltungen. Das Martyrologium der ersten Jahrhunderte stellte die Grundlage für die Heiligenverehrung dar. Durch die Verkündigung und Verehrung der Heiligkeit ihrer Söhne und Töchter erwies die Kirche Gott selbst die höchste Ehre; in den Märtyrern verehrte sie Christus, den Ursprung ihres Martyriums und ihrer Heiligkeit. In der Folge hat sich die Praxis der Heiligsprechung herausgebildet, die in der katholischen Kirche und in den orthodoxen Kirchen noch immer besteht. In diesen Jahren haben sich die Heilig- und Seligsprechungen vermehrt. Sie offenbaren die Lebendigkeit der Ortskirchen, die heute viel zahlreicher sind als in den ersten Jahrhunderten und im ersten Jahrtausend. Die größte Verehrung, die alle Kirchen an der Schwelle des dritten

Jahrtausends Christus darbringen werden, wird der Beweis der allmächtigen Gegenwart des Erlösers durch die Früchte von Glaube, Hoffnung und Liebe in Männern und Frauen vieler Sprachen und Rassen sein, die Christus in den verschiedenen Formen der christlichen Berufung nachgefolgt sind.

Oder:

Karl Leisner († 1945)

Aus einer Tagebucheintragung am 1. Mai 1934.

Jugendliche Christusliebe

Seit den so „interessanten“ Tagen der Reifeprüfung habe ich manch Großes und Feines mitgemacht. Eine ganze Fülle von Arbeit häufte sich auf meinen Schultern zusammen. Manchmal drohte ich ein Betriebsmensch zu werden – und doch – es war eine rassige Zeit, so zu schaffen und zu wühlen. Heute – am 18.3. Jungscharführerlehrgang mit „Abbruch“ um ½ 4! Um 10 Uhr Pater Horstmann zur Bahn gebracht. „Also, Karl, Du machst die Sache im Bezirk!“ Dann die lächerliche Sache mit dem blauen Kittel mit Vorladung am 21.3., die ich dann abschrieb aus „nationalen“ Gründen. Und dann – das langersehnte „Mündliche“ am 22.3. – Ha – Ha, was'n Glück. Im Lateinischen vorher das „Somnium Scipionis“ in der Literaturgeschichte gelesen! – Es klappte trotz aller Arbeit in der herrlichen Jungschar. Junge, Junge, bis in die Nächte herein wurde geschafft, gewütet, gelesen, geschrieben – und dann fiel ich nach kurzem Gebet wie'n Sack in die Falle. Und als ich dann den herrlichen Bescheid abends hörte – Leisner mit „Gut“ – es war doch schön! Nur schade, daß Jupp's „Geschichte“ nicht geklappt hatte. Und dann abends – harmonischer Ausgleich und Ausklang der Spannung des Tages: Symphoniekonzert: Mozart – Brahms ...

Und dann nach der bestandenen Prüfung die frische Arbeit im Bezirk. Heute hier – morgen da! Wie ein

„rasendes Ungeheuer“ fitze ich durch den ganzen Kreis.
Eine Scharstunde nach der andern. – Heute bei den Praesides in Goch, bei Kaplan Bühren, bei Kaplan Wormland. Morgen Führerbesprechung in Pfalzdorf, in Kranenburg. – Alles klappt! Feine Führer, frische Jungens, Begeisterung! Höhepunkte. Brennende Herzen für Christus, unsern und meinen Führer, strahlende Jungenaugen, glänzende Bubengesichter! – Das werden einmal Heilige! – „Laßt die Banner wehen!“ – Wir halten die Treue. – Alles wird überwunden: Heiserkeit, Erkältung, Schlappheit! Wie ein müder Hund falle ich manchmal kurz vor oder auch nach Mitternacht in die Klappe, in der Willi schon seelenruhig pennt! – „Es macht viel Arbeit, aber noch mehr Freude!“ Man wächst, trotzdem man sich immer mehr ausgibt. Christus in der heiligen Eucharistie gibt Glut, Kraft und Sieg! Alles kann man, was man will, das ist wahr! Nur zum Schluß, da packte mich eine seelische Müdigkeit, die wohl körperlich mitbedingt war – und es ging bergab! Aber so wurde abgestoppt im Hinblick auf den heiligen Beruf, den Gott mir – wenn seine Gnade hilft – schenken will! Zudem, inzwischen hatte ich mich zum F.A.D. (Freiwilliger Arbeitsdienst) gemeldet – untersucht – und am 25.4. hatte ich Bescheid, nach Friedrichsfeld bei Wesel zu kommen! Da – am 30.4. – kommt ein Brief von Münster von Dr. Melcher, die wegen ihres jugendlichen Alters zurückgesetzten Bewerber könnten doch zum Studium schon dieses Jahr zugelassen werden, wenn sie die Berechtigung zum Hochschulstudium hätten. – Beim Arbeitsamt erkundigt, ob die F.A.D.-Meldung und Verpflichtung rückgängig gemacht werden kann, positiven Bescheid erhalten! Brief nach Münster: „Komme am 7. Mai.“ – Also – es ist Gottes Wille, daß ich dieses Jahr schon das Studium der Gottesgelehrtheit beginne! Drum auf, mit heiligem Mut, stolzer Kraft, tiefer Demut, ganzer glänzender Reinheit, festem

Glauben, starker Hoffnung und glühender Liebe ans hohe, heilige Werk. Fleißig, sparsam, tüchtig, strebsam ran an die Arbeit! Gott hilft gern! Es gilt meine Zukunft, mein Leben, meinen Beruf!
Gebet: „Herr Gott, Du mein König und höchster Führer, Du lenkst in wunderbarer Weisheit und Güte die Geschicke aller Menschen. So hast Du mich armen, schwachen, sündigen Menschen durch eine Zeit der Versuchung und Schwachheit hindurchgeführt, um mich zum heiligsten und höchsten Amt – zum Priestertum – zu berufen. Deine allmächtige Weisheit hat mich – das kleine, unwürdige, stolze, erbärmliche Menschlein, das mit so mancherlei Makel und Fehlern behaftet, – zum würdigsten, demütigsten, würdevollsten Beruf erkoren. – O, gib doch, Du gütigster Vater, daß ich die Vorbereitungszeit auf diesen hehren Beruf – Dich zu vertreten – aus Deinen unerschöpflichen Lebensquellen in Wahrheit und Demut gestalte!“ Christus – Du bist meine Leidenschaft – Heil!

RESPONSORIUM

R Selig seid ihr, wenn ihr um meinetwillen beschimpft und verfolgt und auf alle mögliche Weise verleumdet werdet. * Freut euch und jubelt, euer Lohn wird groß sein im Himmel.

V Selig, die um der Gerechtigkeit willen verfolgt werden; denn ihnen gehört das Himmelreich. * Freut euch und jubelt, euer Lohn wird groß sein im Himmel.

Oration Herr, unser Gott, du hast dem seligen Priester Karl Leisner eine leidenschaftliche Liebe zu Christus geschenkt. Diese bezeugte er bis zum Martyrium, das er für die Jugend der Kirche auf sich nahm. Gib auch uns auf seine Fürsprache die Kraft, als unerschrockene Zeugen für das Evangelium einzutreten und so das Reich der Wahrheit und der Gerechtigkeit sichtbar zu machen. Darum bitten wir durch Jesus Christus, deinen Sohn, unseren Herrn und Gott, der in der Einheit des Heiligen Geistes mit dir lebt und herrscht in Ewigkeit.

Oratio Dómine Deus, qui beátum Carólum presbýterum flagránti erga Christum amóre imbuísti, ut martýrio pro iuvénibus subeúndo consummarétur, præsta, quǽsumus, ut eius intercessiónis auxílio, nos étiam intrépida fide pro evangélio pugnáre atque regni tui veritátis et iustítiæ testes esse valeámus. Per Dóminum nostrum Iesum Christum Fílium tuum, qui tecum vivit et regnat in unitáte Spíritus Sancti, Deus, per ómnia sǽcula sæculórum.

2. September
Hl. Nonnosus
Abt

Nonnosus war Mönch und Abt auf dem Berg Sorakte, nördlich von Rom. Papst Gregor d. Gr. rühmt seine Demut. Gestorben 570. Seine Reliquien kamen im 11. Jahrhundert in den Freisinger Dom.

Commune, Stundenbuch III, S. 1244 ff. (Ordensleute).

LESEHORE

ZWEITE LESUNG

Beda Venerabilis († 735)

Aus einer Auslegung zum Markusevangelium.

Der Glaube, der Berge versetzt

„Jesus sagte zu den Jüngern: Ihr müsst Glauben an Gott haben. Amen, das sage ich euch: Wenn jemand zu diesem Berg sagt: Heb dich empor, und stürz dich ins Meer!, und wenn er in seinem Herzen nicht zweifelt, sondern glaubt, dass geschieht, was er sagt, dann wird es geschehen.“[1] Die Heiden, die Flüche gegen die Kirche niederschreiben, pflegen die Unsern zu tadeln, sie hätten nicht den vollen Glauben an Gott, weil sie niemals Berge versetzen könnten. Ihnen ist zu erwidern, dass nicht alle Taten aufgeschrieben wurden, die in der Kirche geschehen sind. So ist es ja auch in der Heiligen Schrift von den Taten unseres Herrn und Gottes Jesus Christus bezeugt[2]. Darum kann es auch vorgekommen sein, dass sich ein Berg ins Meer stürzte, wenn die Notwendigkeit dazu gegeben war, wie wir es vom seligen Vater Gregor Thaumaturgus, dem Bischof von Neocäsarea, lesen. Konnte er es erreichen, einen Berg zu versetzen, dann kann es auch einem andern Mann mit den gleichen Vorzügen möglich sein, aufgrund seines Glaubens vom Herrn zu erlangen, dass ein Berg sich erhöhe und ins Meer stürzte.

Aber mit dem „Berg" ist manchmal auch der Teufel gemeint wegen des Stolzes, mit dem er sich gegen Gott erhebt und dem Höchsten gleich sein will. Auch er hebt sich hinweg von der Erde auf Geheiß derer, die stark im Glauben sind, und er wird ins Meer gestürzt, wenn die heiligen Lehrer das Wort verkündigen und der unreine Geist aus dem Herzen derer vertrieben wird, die für das Leben bestimmt sind. Ihm wird dagegen gestattet, in den stürmischen und salzigen Wogen ungläubiger Herzen seine wahnwitzige Gewaltherrschaft auszuüben, nicht als ob er dort vorher keinen Thron und keine Herrschaft innegehabt hätte, sondern weil er gegen die, bei denen es ihm zugestanden ist, um so heftiger wütet, je mehr es ihn schmerzt, dass ihm mit Macht verwehrt wird, die Frommen zu verwunden.

Es ist wie in der Offenbarung des Johannes: „Der zweite Engel blies seine Posaune. Da wurde etwas, das einem großen brennenden Berg glich, ins Meer geworfen."[3] Denn als der Engel in die Posaune stieß, wurde der feuerglühende Berg ins Meer gestürzt. So war es auch, als der Lehrer der Wahrheit das Wort verkündigte: Da machte sich der alte Feind, von Fackeln des Neides erglühend, auf, um die Seelen der Sünder noch stärker zugrunde zu richten aus Rache für den Schmerz, den er empfand, weil er aus den Gläubigen vertrieben war.

[1] Mk 11,22 f. [2] Vgl. Joh 20,30 f. [3] Offb 8,8.

RESPONSORIUM

R Jesus sagte: Weg mit dir, Satan! * In der Schrift steht: Vor dem Herrn, deinem Gott, sollst du dich niederwerfen und ihm allein dienen.
V Der Teufel führte Jesus auf einen sehr hohen Berg, er zeigte ihm alle Reiche der Welt mit ihrer Pracht und sagte zu ihm: Das alles will ich dir geben, wenn du dich vor mir niederwirfst und mich anbetest. * In der Schrift steht: Vor dem Herrn, deinem Gott, sollst du dich niederwerfen und ihm allein dienen.

LECTIO ALTERA

Beda Venerabilis († 735)

Ex Expositióne in Marcum

Iesus ait discípulis suis: „Habéte fidem Dei. Amen dico vobis quia quicúmque díxerit huic monti, tóllere et míttere in mare, et non hæsitáverint in corde suo sed credíderit quia quodcúmque díxerit fiat, fiet ei.“[1] Solent gentíles qui contra ecclésiam maledícta scripsére improperáre nostris quod non habúerint plenam fidem Dei quia numquam montes transférre potúerint. Quibus respondéndum non ómnia scripta esse quæ in ecclésia sunt gesta sicut étiam de factis ipsíus Christi Dei et dómini nostri scriptúra nostra testátur unde et hoc quoque fíeri potuísse ut mons ablátus de terra mitterétur in mare, si necéssitas id fíeri poposcísset, quo modo légimus factum précibus beáti patris Gregórii Neocæsaríæ Ponti antístitis. Póterat ergo hic póterat álius quis eiúsdem ériti vir, si opportúnitas exigísset, impetráre a dómino mérito fídei ut étiam mons tollerétur et mitterétur in mare.

Verum quia montis nómine non numquam diábolus significátur vidélicet propter supérbiam qua se contra Deum érigit et esse vult símilis altíssimo mons ad præcéptum eórum qui fortes fide sunt tóllitur de terra et in mare proícitur cum prædicántibus verbum doctóribus sanctis immúndus spíritus ab eórum corde repéllitur qui ad vitam sunt præordináti et in turbuléntis amarísque infidélium méntibus vesániam suæ tyrannídis exercére permíttitur non quo ibi et ántea sedem regnúmque non habúerit sed quia tanto ácrius in eos quos licet desǽvit quanto ámplius se dolet a læsióne piórum fuísse depúlsum. Cui símile est illud apocalípsis: „Et secundus ángelus tuba cécinit, et ecce tamquam mons magnus igne ardens missus est in mare.“ [2] Canénte étenim ángelo tuba mons igne ardens missus est in mare quia prædicánte verbum doctóre veritátis antíquus hostis invídiæ fácibus accénsus perversórum ánimos grávius corruptúrus ádiit ut dolórem expulsiónis suæ de fidélibus vindicáret in pérfidis.

[1] Mc 11,22 s. [2] Apc 8,8.

Oration Herr, unser Gott, du hast den heiligen Nonnosus zum treuen Schüler deines Sohnes gemacht, der unser Herr und Meister ist und doch seinen Jüngern die Füße wusch. Der heilige Abt, dessen Gedenktag wir feiern, lehre uns, in Geduld den Mitmenschen zu dienen. Darum bitten wir durch Jesus Christus, deinen Sohn, unseren Herrn und Gott, der in der Einheit des Heiligen Geistes mit dir lebt und herrscht in Ewigkeit.

Oratio Dómine, Deus noster, qui sanctum Nonnósum fidélem fecísti discípulum Fílii tui, qui, Dóminus et Magíster, tamen pedes lavit discipulórum, concéde, quǽsumus, ut, sancti abbátis exémplo, patiénter áliis inservíre valeámus. Per Dóminum

nostrum Iesum Christum Fílium tuum, qui tecum vivit et regnat in unitáte Spíritus Sancti, Deus, per ómnia sǽcula sæculórum.

6. September

Hl. Magnus

Mönch, Glaubensbote

Magnus, der Apostel des Allgäus, lebte im 8. Jahrhundert und bekehrte die Heiden, die noch am Lech lebten, zum christlichen Glauben.

Commune, Stundenbuch III, S. 1244 ff. (Ordensleute), außer:

LESEHORE

ZWEITE LESUNG

Stundenbuch III, S. 1149 ff. (für einen Missionar).

Oration **Gott und Herr, du hast deinen Diener Magnus mit brennendem Eifer für die Verkündigung deiner Heilsbotschaft erfüllt und mit großer Kraft gegen die Macht des Bösen ausgerüstet. Hilf uns in deiner Güte, das Erbe des Glaubens in unseren Tagen treu zu bewahren, und beschütze uns durch deine Macht vor den Nachstellungen des Feindes. Darum bitten wir durch Jesus Christus, deinen Sohn, unseren Herrn und Gott, der in der Einheit des Heiligen Geistes mit dir lebt und herrscht in Ewigkeit.**

Oratio **Dómine, Deus noster, qui servum tuum Magnum ardénti zelo ad prædicándum evangélium magnáque virtúte contra diáboli potestátem imbuísti, concéde propítius nobis, ut poténtia tua insídiis inimíci protécti, hereditátem fídei constánter**

servémus. Per Dóminum nostrum Iesum Christum Fílium tuum, qui tecum vivit et regnat in unitáte Spíritus Sancti, Deus, per ómnia sǽcula sæculórum.

7. September

Sel. Otto

Bischof

Otto aus dem Adelsgeschlecht der Babenberger, Zisterzienser, war 1138-1158 Bischof von Freising; er gilt als bedeutendster Geschichtstheologe des hohen Mittelalters und war ein großer Seelsorger.

Commune, Stundenbuch III, S. 1130 ff. (Hirten der Kirche).

LESEHORE

ZWEITE LESUNG

Otto von Freising († 1158)

Aus der Chronik.

Die Fülle der Zeiten

„Als aber die Zeit erfüllt war, sandte Gott seinen Sohn" auf die Erde [1]. Um die Menschen, die wie Tiere in unwegsamem, unwirtlichem Gelände umherirrten, auf den Weg zurückzuführen, nahm Gottes Sohn Menschennatur an und bot sich den Menschen als Weg an. Um die Verirrten von Falschheit und Irrtum zurückzurufen, erschien er als die Wahrheit. Um die Verschmachtenden zu stärken, bot er sich an als das wahre Leben. Er sprach: „Ich bin der Weg und die Wahrheit und das Leben" [2], als wollte er sagen: Ihr habt euch verirrt, kommt zu mir; ich bin der Weg! Damit ihr den Weg ohne Zagen gehen könnt, hört: Ich bin die Wahrheit. Wenn euch die Zehrung

auf dem Weg fehlt, sollt ihr spüren, dass ich das Leben bin! Viele suchen nach dem Weg. Wenn sie aber den wahren Weg nicht finden, irren sie umher, statt den rechten Pfad zu wandern. Viele gehen auf einem Weg, welcher der wahre zu sein scheint, aber sie erlangen das Leben nicht. Von ihnen gilt das Wort: „Manchmal scheint einem Mann ein Weg der rechte zu sein; aber am Ende führen seine Wege zum Tod."[3] Der Heiland aber sagte, als er in die Welt kam: „Ich bin der Weg, die Wahrheit und das Leben", das heißt, nur durch mich führt der Weg zum Heil, gelangt man zur Wahrheit und bleibt lebendig in mir. Doch nicht ohne Berechtigung kann man fragen, warum der Retter am Ende geboren werden wollte, als die Zeit, wie Paulus sagt, erfüllt war. Warum ließ er zu, dass die Gesamtheit der Völker so lange, während so vieler Weltzeitalter, im Irrtum des Unglaubens zugrunde ging? Der Grund dafür ist hinterlegt in den Schätzen der tiefen und gerechten Entscheidungen Gottes. Wer von den Sterblichen, die noch mit vergänglichem Fleisch umkleidet sind, wollte dies zu erforschen wagen, da doch der Apostel sagt: „O Tiefe des Reichtums, der Weisheit und der Erkenntnis Gottes! Wie unergründlich sind seine Entscheidungen, wie unerforschlich seine Wege!"[4]
Was sollen wir also tun? Sollen wir schweigen, wenn wir nicht verstehen können? Doch wer soll dann den Widersprechenden antworten, wer die Feinde abwehren? Wer wird schließlich mit der Vernunft und Kraft der Worte all jene zum Scheitern bringen, die den Glauben, der in uns lebt, zerstören wollen?

Begreifen können wir zwar die geheimen Ratschlüsse Gottes nicht, und doch sind wir genötigt, Gründe für sie anzugeben. Wie? Wir sollen Gründe angeben für Dinge, die wir nicht verstehen können? Nun, wir können Gründe angeben. Nur sind es menschliche, während wir die Gründe Gottes nicht fassen können.

So kommt es, dass wir unsere menschlichen Worte gebrauchen, weil wir Menschen sind; wenn wir aber über göttliche Dinge sprechen, fehlt uns die gemäße Sprache. Trotzdem sprechen wir mit besonderer Zuversicht in menschlichen Worten von Gott, weil wir nicht zweifeln, dass er uns, seine Geschöpfe, versteht. Denn wer erkennt besser als der Schöpfer? Daher kommt es, dass wir nach Gottes Willen vieles zu seinem Lob sagen sollen, obwohl man ihn unaussprechlich nennt. Obwohl unsagbar, scheint er doch in gewisser Weise aussprechbar zu sein.
Darum kann Gott nicht mit Recht von den Menschen angeklagt werden, weil er sie tun lässt, was sie selber tun wollen. Und umgekehrt ist er hoch zu preisen und von denen zu lieben, denen er seine Gnade umsonst anbietet und die er von allem abhält, was sie gegen ihr eigenes Heil tun wollen. Man kann ihm auch nicht vorwerfen, dass er die Gnade nicht aufgrund von Gerechtigkeit verleiht, sondern, wie wir glauben müssen, nur aus Erbarmen. Er hat in so vielen Jahrhunderten nicht zur Sünde veranlasst, sondern nur vorenthalten, was sein eigen war. Er tat es, um künftigen Zeiten am Beispiel der früheren zu zeigen, was man meiden und was man dankbar annehmen muss. So wie die einen Gott nicht beschuldigen können, so gab er den andern reichen Grund, ihn mit Recht zu lieben.

[1] Gal 4,4. [2] Joh 14,6. [3] Vgl. Spr 14,12. [4] Röm 11,33.

RESPONSORIUM

R O Tiefe des Reichtums, der Weisheit und der Erkenntnis Gottes! * Wie unergründlich sind seine Entscheidungen, wie unerforschlich seine Wege!
V Als die Zeit erfüllt war, sandte Gott seinen Sohn, damit wir die Sohnschaft erlangen. * Wie unergründlich sind seine Entscheidungen, wie unerforschlich seine Wege!

LECTIO ALTERA

Otto Frisingensis († 1158)

Ex Chrónica sive História de duábus civitátibus.

„At ubi venit plenitúdo témporis, misit Deus fílium suum“[1] in terras, qui, ut hómines per ínvia ac dévia more pécudum oberrántes ad viam redúceret, viam se hóminem assuméndo homínibus prébuit, et ut a falsitátis erróre exorbitántes ad ratiónis lumen revocáret, veritátem se osténdit, ut vero deficiéntes refíceret, vitam se veram exhíbuit: „Ego sum“, ínquiens, „via, véritas et vita“[2]. Ac si díceret: ‚Errátis, ad me veníte, qui sum via. Quam viam ut intrépidi ambulétis, audíte, quod sum véritas. Si vero viáticum non habétis, sentíte, quod sum vita.‘ Multi enim viam querunt, sed dum non invéniunt veram, errant pótius, quam recto trámite incédant. Multi rursum viam, quæ vera vidétur, incédunt, sed vitam non consequúntur. De quibus dictum arbítrior: „Sunt viæ, quæ vidéntur homínibus rectæ, novíssima vero eárum ducunt ad intéritum.“[3] Salvátor autem in mundum véniens: „Ego sum“, ait, „via, véritas et vita“, id est: Per me tantum salúbriter itur, ad me veráciter pervenítur, in me vitáliter permanétur. Sed in prima fronte non inconveniénter queri potest, cur in fine témporum, quem plenitúdinem Paulus vocat, salvátor ómnium nasci vóluit, cur universitátem géntium támdiu tot retroáctis séculis in erróre perfídiæ períre permíserit. Cúius rei ratiónem profundíssimis ac iustíssimis iudiciórum Dei thesáuris repósitam quis corruptíbili mortálium carne circumdátus investigáre áudeat, cum apóstolus dicat: „O altitúdo divitiárum sapiéntiæ et sciéntiæ Dei, quam incomprehensibília sunt iudícia eius et investigábiles viæ eius.“[4]

Quid ergo faciémus? Si comprehéndere non póssumus, numquid tacébimus? Et quis obloquéntibus respondébit, inpugnántes arcébit, postrémo destrúere eam, quæ in nobis est, fidem voléntes ratióne ac virtúte verbórum confutábit?

Comprehéndere ítaque occúlta consília Dei non póssumus et tamen plerúmque de his ratiónem réddere cógimur. Quid? Ratiónem reddémus de his, quæ comprehéndere non póssumus? Ratiónes réddere póssumus, sed humánas, cum tamen ratiónes comprehéndere non póssimus divínas.

Sicque fit, ut, dum de theológicis lóquimur, cognátis de his sermónibus caréntes verbis nostris, qui hómines sumus, utámur; tantóque de Deo loquéndo humánis útimur verbis confidéntius, quo ipsum figméntum nostrum cognóscere non dubitámus. Quis enim mélius cognóscit, quam qui creávit? Inde est, quod, cum Deus ineffábilis, fari nos multa tamen in laude sua velit. Cum ergo dicátur ineffábilis, secúndum quendam modum vidétur effábilis.

Non enim, si hómines permíttit fácere, quod ipsi tamen fácere volunt, ab eis est iuste arguéndus, sicut e contra ab eis, quibus gratúitam grátiam ófferens a tálibus, quæ contra salútem suam fácere volunt, arcéndo ac prohibéndo, ne quæ propónunt perfíciant, plúrimum est laudándus ac diligéndus, Nec iniúste fácere dici potest, si grátiam ex iustítia non lárgitur, sicut misericórditer tantum fácere credéndus est, cum eam gratúite quibus vult impértit. Ítaque si tot sǽcula retroácta non ad peccáta impelléndo, sed quod suum erat non largiéndo, ad hoc, ut superveniéntibus sǽculis exémplo priórum, quid fugiéndum esset, unde grátias salvatóri suo reférrent, osténderet. Sicut ab illis iúste non pótuit culpári, sic his máximam matériam dedit, unde iure debet amári.

[1] Gal 4,4. [2] Io 14,6. [3] Cf. Prv 14,12. [4] Rm 11,33.

Oration Gott, du Schöpfer der Welt und Herr der Geschichte, du gabst dem seligen Bischof Otto zu erkennen, dass das Reich dieser Welt nur ein Spiegelbild deiner ewigen Herrschaft ist. Erneuere deine Kirche durch den Heiligen Geist, damit sie der

Welt dein Bild aufprägt und so der Vollendung des Gottesreiches entgegenwächst. Darum bitten wir durch Jesus Christus, deinen Sohn, unseren Herrn und Gott, der in der Einheit des Heiligen Geistes mit dir lebt und herrscht in Ewigkeit.

Oratio **Deus, mundi creátor et Dómine sæculórum, qui beáto Ottóni epíscopo dedísti, ut húius mundi impérium nónnisi ætérni tui regni spéculum agnósceret, rénova, quǽsumus, Spíritu Sancto ecclésiam tuam, ut imáginem tuam mundo imprímens cæléstis perfectiónem increménta percípiat. Per Dóminum nostrum Iesum Christum Fílium tuum, qui tecum vivit et regnat in unitáte Spíritus Sancti, Deus, per ómnia sǽcula sæculórum.**

11. September

Hl. Notburga

Dienstmagd

Nach sehr alter Überlieferung wurde Notburga gegen Ende des 13. Jahrhunderts in Rattenberg im Inntal geboren. Sie diente als Magd auf dem Schloss Rottenburg und dann bei einem Bauern in Eben am Achensee; hier wird auch ihr Leichnam in der ehemaligen Rupertuskirche verehrt. Ihr Kult wurde von Papst Pius IX. im Jahre 1862 anerkannt. Sie gilt als Patronin der weiblichen Hausangestellten und des Bauernstandes.

Commune, Stundenbuch III, S. 1172 ff. (Jungfrauen).

LESEHORE

ZWEITE LESUNG

Aus einem Bericht der Diözese Brixen an die Ritenkongregation (1861)

Beten und arbeiten

Nach der Überlieferung erblickte Notburga um das Jahr 1265 zu Rattenberg im Unterinntal das Licht der Welt. Mit achtzehn Jahren wurde sie Magd bei Heinrich von Rottenburg und seiner Mutter, die ihr den Küchendienst zuwiesen. Notburga, das tüchtige und fromme Mädchen, das sich vor allem durch die Liebe, die Mutter aller Tugenden, auszeichnete, sammelte eifrig die Reste von Mahlzeiten und bereitete daraus Speisen, die sie mit einem geistlichen Wort den Armen reichte. Ihre Dienstgeber erlaubten ihr das gerne, sahen sie doch, dass es um ihr Hauswesen dank dem Wirken Notburgas zum Besten bestellt war. Als jedoch der junge Schlossherr heiratete, verbot seine Frau Ottilia der Magd alle Liebestätigkeit und verwies sie aus dem Schloss. Da kam Notburga zu einem Bauern auf Eben in den Dienst. Gleich am Anfang machte sie mit ihm aus, dass sie an den Vorabenden der Feiertage von der Zeit der Vesper an nicht mehr zu arbeiten brauche und sich dem Gebet widmen könne. Der Bauer hielt sich jedoch nicht immer daran. Als einmal zur Erntezeit an einem Samstag die Arbeit bis zur Vesper nicht zu Ende war, drängte er Notburga weiterzumachen. Da hängte sie ihre Sichel in die Luft wie an einen Nagel und sagte zum Bauern: „Diese Sichel richte zwischen mir und dir!“ Alle staunten über das Wunderzeichen, und Notburga durfte das Feld verlassen.

Nachdem die Schlossherrin Ottilia gestorben war, kehrte Notburga zu ihrem früheren Dienstherrn zurück und lebte fortan auf Erden so, dass ihr Herz im Himmel war. An ihr Hinscheiden vorausdenkend bat sie, man möge ihren Leib, wenn sich die Seele von ihm gelöst habe, auf einen Ochsenwagen laden und die Tiere ohne Lenker losschicken; wo sie anhalten würden, dort sollte sie begraben werden.[1] Damit war ihr Herr einverstanden. Als Notburga um das Jahr 1313 im Alter von etwa 48 Jahren starb, löste der Dienstherr das Versprechen ein und folgte mit seiner Familie und anderen dem Wagen; ein Priester ging voraus. Sich selbst überlassen, bogen die Ochsen bald von der Reichsstraße ab und gingen auf das Innufer zu, überquerten den Fluss und hielten erst in Jenbach unter einem Baum an, als ob sie auf die Trauergäste warteten, die in einem Boot übersetzen mussten. Sobald die Trauergäste nachkamen, begann das Gespann gegen Eben aufzusteigen, wo es bei der Rupertuskirche anhielt. Hier wurde Notburga begraben.

[1] Vgl. 1 Sam 6, 7-14.

RESPONSORIUM

R Sie hat sich mit Kraft gegürtet und ihren Arm stark gemacht. * Auch in der Nacht erlischt ihre Lampe nicht.

V Dies ist die kluge Jungfrau, die der Herr wachend fand. Sie darf mit ihm eingehen zur Hochzeit. * Auch in der Nacht erlischt ihre Lampe nicht.

Oration Allmächtiger Gott, dein Sohn ist in die Welt gekommen, nicht um sich bedienen zu lassen, sondern um zu dienen. Hilf uns, daß wir nach dem Vorbild der heiligen Dienstmagd Notburga Christus nachfolgen und ihm in den Armen dienen. Darum bitten wir durch Jesus Christus, deinen Sohn, unseren Herrn und Gott, der in der Einheit des Heiligen Geistes mit dir lebt und herrscht in Ewigkeit.

Oratio Omnípotens Deus, cuius Fílius in mundum venit, non ut ministrarétur ei, sed ut ministráret, præsta nobis, ut exémplum sanctæ Notbúrgæ imitántes, Christum sequámur eíque in paupéribus serviámus. Per Dóminum nostrum Iesum Christum Fílium tuum, qui tecum vivit et regnat in unitáte Spíritus Sancti, Deus, per ómnia sǽcula sæculórum.

18. September

Hl. Lantbert

Bischof

Gedenktag

Lantbert, bald nach seinem Tod als Heiliger verehrt, war 937-957 in der Zeit der Ungarneinfälle Bischof von Freising. Er galt als Freund der Armen und Mann des Gebetes.

Commune, Stundenbuch, S. 1130 ff. (Hirten der Kirche).

LESEHORE

ZWEITE LESUNG

Johannes Chrysostomus († 407)

Aus einer Auslegung zum Matthäusevangelium.

Die Hilfe des Herrn

„Nachdem Jesus die Leute weggeschickt hatte, stieg er auf einen Berg, um in der Einsamkeit zu beten. Spät am Abend war er immer noch allein auf dem Berg. Das Boot aber war schon viele Stadien vom Land entfernt und wurde von den Wellen hin und her geworfen; denn sie hatten Gegenwind.“[1]
Warum steigt der Herr auf den Berg? Er will uns zeigen, dass Stille und Einsamkeit für den Umgang mit Gott besonders geeignet sind. Darum begibt er sich selbst oft an einsame Orte und bringt dort die Nächte im Gebet zu. Dadurch will er uns lehren, die richtige Zeit und den rechten Ort für das Beten zu wählen.
Die Einsamkeit ist die Mutter der Ruhe und der Ort stiller Zuflucht, der uns frei macht von allen Sorgen. Deshalb stieg der Herr also auf den Berg.
Wie früher bereits einmal werden die Jünger von den Wogen hin und her geworfen und sind dem Toben des Sturms ausgeliefert. Damals hatten sie

jedoch den Herrn bei sich im Schiff, als der Sturm ausbrach. Diesmal sind sie ganz auf sich allein angewiesen. Der Herr will sie nämlich nach und nach, Schritt für Schritt zu Höherem anleiten und sie fähig machen, mutig alles zu ertragen. Das erste Mal war er darum in der Gefahr selbst bei ihnen, hatte sich zwar dem Schlaf hingegeben, wollte aber wenigstens gleich da sein, um ihnen Mut zu machen. Dieses Mal wollte er sie standhafter machen und ging deshalb anders vor. Er entfernte sich und ließ es zu, dass sich auf hoher See ein starker Sturm erhob, so dass sie rettungslos verloren schienen. Er ließ es sogar zu, dass sie die ganze Nacht von den Wogen hin und her geworfen wurden. Auf diese Weise brachte er ihre blinden Herzen, wie ich meine, in die rechte Verfassung. Dies bewirkte die Furcht, die durch die Stärke des Unwetters, noch mehr aber durch dessen lange Dauer hervorgerufen wurde. So erweckte der Herr in den Jüngern nicht allein Reue, sondern auch größeres Verlangen nach ihm und machte, dass sie das Erlebte nicht wieder vergessen konnten.

[1] Mt 14,23 f.

RESPONSORIUM

R Ich hebe meine Augen auf zu den Bergen, von denen mir Hilfe kommt. * Meine Hilfe kommt vom Herrn, der Himmel und Erde gemacht hat.

V Der Herr ist mein Fels, meine Burg, mein Retter, mein Gott, meine Feste, in der ich mich berge. * Meine Hilfe kommt vom Herrn, der Himmel und Erde gemacht hat.

Oration Herr, unser Retter, du hast den heiligen Bischof Lantbert zum Beschützer der Kirche von Freising bestimmt. Er hat dein Haus auf dem Berg durch inständiges Gebet in den Wirren seiner Zeit vor Mord und Brand bewahrt. Seine Fürsprache rette uns vor den Feinden, die Leib und Seele in das ewige Verderben stürzen. Darum bitten wir durch

Jesus Christus, deinen Sohn, unseren Herrn und Gott, der in der Einheit des Heiligen Geistes mit dir lebt und herrscht in Ewigkeit.

Oratio Deus, Servátor noster, qui sanctum Lantbértum epíscopum ecclésiæ Frisingénsi protectórem dedísti, ut orans et súpplicans domum tuam in monte sitam in sui témporis turbínibus e cædis serváret et ígnibus, præsta, quǽsumus, ut ipso intercedénte ab inimícis defendámur, qui córpori et ánimæ ætérnam perníciem moliúntur. Per Dóminum nostrum Iesum Christum Fílium tuum, qui tecum vivit et regnat in unitáte Spíritus Sancti, Deus, per ómnia sǽcula sæculórum.

22. September

Hl. Emmeram

Bischof von Regensburg, Märtyrer

Emmeram kam in der zweiten Hälfte des 7. Jahrhunderts als Wanderbischof aus dem Westfrankenreich nach Regensburg. In Kleinhelfendorf bei Bad Aibling wurde er grausam zu Tode gemartert. Vorübergehend war er in Aschheim bei München bestattet.

Commune, Stundenbuch III, S. 1130 ff. (Hirten der Kirche) oder S. 1105 ff. (ein Märtyrer).

LESEHORE

ZWEITE LESUNG

Arbeo von Freising († um 782)

Aus dem Buch „Leben und Leiden des heiligen Märtyrers Emmeram“.

Bischof Emmeram von Poitiers war hoch gewachsen, schön von Gestalt und besaß einen offenen

Blick. Er zeichnete sich aus durch Almosengeben und war angesehen infolge seines Fastens, seiner Keuschheit und Mäßigung; er war gewandt in der Rede und in kluger Weise darauf bedacht, die Sünden auszurotten und die Herzen seiner Untergebenen zu bilden. Während er so mit Tatkraft wirkte, drang zu ihm die Kunde, dass in einer Gegend Europas das pannonische Volk, das ganze Reich der Awaren, noch heidnisch war, weil ihre Augen blind waren für Christus, das Licht der Wahrheit. Darüber war der Diener Gottes sehr betrübt und begann sich zu überlegen, dass er dort Christus predigen müsse. Er verließ sein Haus, seinen reichen Besitz, die vielen adeligen Verwandten und setzte in jener Stadt einen anderen zum Bischof ein. Emmeram ahmte das Beispiel des Stammvaters Abraham nach, dem Gott befohlen hatte, sein Land und seine Verwandten zu verlassen[1] und nach Ägypten hinab zu ziehen: Er nahm so viele Begleiter mit, wie ihm gut schien, setzte über die Loire, zog durch die Länder Galliens und verkündete den Glauben, bis er die Grenze zu Germanien hin, den Rhein, überschritt. Von dort zog er weiter nach Süden, in das bayerische Donaugebiet. Er folgte dem Lauf der Donau und kam nach Regensburg, in die aus behauenen Steinen erbaute Hauptstadt des Volkes, wo damals Herzog Theoto regierte; in diese Stadt zog der ehrwürdige Bischof ein.

Die Bewohner des Landes, die erst vor kurzem Christen geworden waren, hatten zu jener Zeit den Götzendienst noch nicht völlig bei sich ausgemerzt; denn wie ihre Väter tranken sie mit ihren Kindern noch „den Kelch des Herrn und den der Dämonen“[2]. Daher beschloss Emmeram auf göttliche Eingebung hin, den Götzendienst, den er wahrgenommen hatte, gründlich auszurotten, und nachdem er dem Erdreich der Herzen der Landesbewohner die Saat des Glaubens anvertraut hätte, mehr reife Frucht der Lehre in die Scheuern zu bergen.

Dies tat er lange Zeit hindurch, so dass seine Lehre in alle Winkel dieses Landes zu dringen schien. Da sah der heilige Mann im Geiste das Ende seines Lebens herannahen: der allmächtige Gott wollte ihn von seiner Mühsal erlösen, ihn zu sich nehmen und mit ewiger Freude belohnen. So erwartete er, wie ein starker Kämpfer auf dem Schlachtfeld, unsichtbar mit stählernem Schilde gewappnet, den Tag seiner Abberufung und Belohnung, ließ dabei aber nicht davon ab, zu den festgesetzten Zeiten des Tages und der Nacht mit ausgestrecktem Arm das Schwert des Gebetes gegen den alten Feind zu zücken.

[1] Vgl. Gen 12,1. [2] Vgl. 1 Kor 10,21.

RESPONSORIUM

R Ich habe den guten Kampf gekämpft, den Lauf vollendet, die Treue gehalten. * Schon jetzt liegt für mich der Kranz der Gerechtigkeit bereit.

V Ich sehe alles als Verlust an, weil die Erkenntnis Christi Jesu, meines Herrn, alles übertrifft. Christus will ich erkennen und die Gemeinschaft mit seinen Leiden; sein Tod soll mich prägen. * Schon jetzt liegt für mich der Kranz der Gerechtigkeit bereit.

LECTIO ALTERA

Arbeo Frisingensis († 782)

Ex vita vel passióne Sancti Haimrhámmi Mártyris.

Erat Haimrhámmus procérus statúra, decórus forma, vultu sincérus, elemosinárum præcípuus, ieiúniis, castitáte et continéntia præclárus, sermóne facúndus, ad eradicánda vítia sagax, ad plantánda et ad inrigánda subiectórum péctora simplex.

Dum autem vir reverentíssimus Haimrhámmi epíscopus tot vigóribus pólleret, pervénit ad eum fama, quod in quibúsdam Európæ pártibus Pannonénsis plebs, tot Avárum regna, excæcátis óculis a veritátis luce, quæ est Christus, máxime ydólis deservíret. Unde Dei fámulus contristátus valde, intrínsecus dolóre tactus, intra semetípsum meditáre conátus est, ut illuc Christus prædicáre deberétur. Relícto domo, imménsis substántiis, tot parenórum nobílium turbas desérens, in sedem urbis ávide iam prædíctæ álium constítuens epíscopum, ímitans exémplum patriárchæ Ábrahæ, cui per divínam præcípitur vocem, ut suúmque tellum, propágines finitimórum pro condiscensióne Ægyptii exútus oblivióne Traderétur, arrépto comitátu, prout ministráverat volúptas, transmíssio amne Lígere, per pártibus Galliárum seminándo fídei sémina carpébat iter, úsquedum caput Germániæ penetráret, id est Reni fluénta. Cæpit Germániam austri ingrédere ad fluénta Danúbii amnem in pártibus Baiuvariórum. Cúius dum séqueret fluéntis, ad Radaspónam pervénit urbem, qui ex sectis lapídibus constructa, in metrópolim húius gentis in arce decréverat. Quam tunc in témpore gentis Baiuvariórum vir álacer Théoto regébat; in quam urbem venerábilis epíscopus ingréssus est.

Sed habitatóres eius neóffiti eo namquam in témpore idolatríam radícitus ex se non exstirpavérunt, quia ut patres cálicem Christi commúne et demoniórum suísque prólibus propinquavérunt. Unde supérno inspirámine venerábilis póntifex ea quæ prospéxerat idolatría fúnditus eradicáre decréverat, et cum húius terræ rurem péctoris inhabitántium commendáverit fídei sémina, ut in augméntum fruméntum iam doctrínæ consummátum cónderet hórreis.

Dum hæc diútius agerétur, ut pæne ómnibus húius terræ latíbulis doctrína illíus perlustráre viderétur, vir sanctíssimus per spíritum próvidens finem suæ vitæ adpropinquánte, ut eum omnípotens Deus a vínculo sui labóris solvens sibi sociáre et perénni gáudio remuneráre voluísset, qui intrépidus

exspectábat, ut robústus génnicus in certáminis campo, clípeo calíppe invisíbile munítus, sui evocatiónis ac remuneratiónis diem; et nihilóminus certis tempóribus die noctúque in antíquum hostem oratiónis mucróne exténso bráchio iaculári non cessébat.

Oration aus dem Commune.

24. September

Hl. Rupert und Hl. Virgil

Bischöfe, Glaubensboten

Gedenktag

Siehe Stundenbuch III, S. 914 ff.

26. September

Sel. Kaspar Stanggassinger

Priester

Kaspar Stanggassinger wurde am 12. Januar 1871 in Berchtesgaden geboren. 1892 trat er in die Kongregation des Heiligsten Erlösers (Redemptoristen) ein. Nach seiner Priesterweihe wurde er Lehrer und Erzieher der Ordensjugend. Er starb am 26. September 1899. Am 24. April 1988 wurde er von Papst Johannes Paul II. seliggesprochen. Sein Grab befindet sich in Gars am Inn in Oberbayern.

Commune, Stundenbuch III, S. 1130 ff. (Hirten der Kirche).

LESEHORE

ZWEITE LESUNG

Aus den Aufzeichnungen von Kaspar Stanggassinger.

Priester zur Ehre Gottes und für das Heil der Menschen

Die einzige Absicht, die hochheilige Priesterweihe zu empfangen, ist die Ehre Gottes und das Heil der Seelen. Zu diesem Zweck will ich mich ganz dem heiligsten Willen Gottes übergeben. Denn ich bin nur Werkzeug in der Hand Gottes, und ich kann nur dort segensreich wirken, wo mich der Gehorsam hingeführt hat.

Ich will mein Wirken ganz nach dem heiligsten Willen Gottes einrichten. Immer will ich mich hinschicken lassen, wo meine Obern wollen. Nur so rette ich die mir von dem lieben Gott durch den heiligen Priesterberuf zugewiesenen Seelen.

Denn erst als die Jünger im Auftrag Jesu die Netze auswarfen, fingen sie etwas, und zwar eine ungeheure Anzahl Fische, vorher hatten sie die ganze Nacht umsonst gearbeitet.

Die heilige Regel stellt mir aber in meinen Obern die Person Jesu Christi vor. Also handle ich nur dann im Auftrag Jesu, wenn ich im heiligen Gehorsam handle.

Dann alles zur Ehre Gottes, nicht um gelobt zu werden in den Zeitungen.

Ich werde nur so viel wirken, als ich Geistes-Mann bin. Das innere Leben, besonders die Regelpunkte, welche sich auf das innere Leben beziehen, will ich darum recht üben.

Ich will allen mit der Gnade Gottes alles werden. Wenn ich die Wahl habe, so will ich lieber die Armen, Unwissenden und Niedrigen Beicht hören, ihnen predigen und sie so in den Himmel führen. In meinen Predigten will ich das Phrasenmachen meiden. Nur so predige ich das Wort Gottes und nicht mich selbst.

Das Ausarbeiten der Predigt will ich im Gebet vornehmen, so viel immer es geht vor dem heiligsten Sakrament.

RESPONSORIUM

R Die Zeit ist kurz. Daher soll, wer sich freut, so sein, als freue er sich nicht, wer sich die Welt zu nutze macht, als nutze er sie nicht. * Denn die Gestalt dieser Welt vergeht.

V Wir haben nicht den Geist der Welt empfangen. * Denn die Gestalt dieser Welt vergeht.

Oration Allmächtiger Gott, du hast dem seligen Kaspar die Gnade geschenkt, froh den Glauben zu verkünden und gute Priester auszubilden; auf seine Fürsprache gewähre uns, dass wir seinem Beispiel folgen und in Wort und Tat Mitarbeiter des göttlichen Erlösers werden. Darum bitten wir durch Jesus Christus, deinen Sohn, unseren Herrn und Gott, der in der Einheit des Heiligen Geistes mit dir lebt und herrscht in Ewigkeit.

Oratio Omnípotens sempitérne Deus, qui beátum Gaspárum presbýterum in fide cum lætítia annuntiánda et in instituéndis iuvénibus ad sacrum ministérium exímium fecísti, eius intercessióne concéde, ut illíus exémpla sectántes divíni Redemptóris cooperatóres ore efficiámur et ópere. Per Dóminum nostrum Iesum Christum Fílium tuum, qui tecum vivit et regnat in unitáte Spíritus Sancti, Deus, per ómnia sǽcula sæculórum.

12. Oktober

Hl. Maximilian

Bischof Rupert von Salzburg fand das vom Volk hoch verehrte Grab Maximilians im Pongau. Maximilian war sicher ein Glaubenszeuge in der Römerzeit; vielleicht starb er als Märtyrer.

Commune, Stundenbuch III, S. 1194 ff. (Heilige Männer).

Oration Allmächtiger, ewiger Gott, in jedem deiner Heiligen offenbarst du deine Herrlichkeit. Am Gedenktag des heiligen Maximilian erfülle unser Herz mit Freude und gib uns die Gnade, dass wir durch unser Leben glaubhaft bezeugen, was wir mit dem Mund bekennen. Darum bitten wir durch Jesus Christus, deinen Sohn, unseren Herrn und Gott, der in der Einheit des Heiligen Geistes mit dir lebt und herrscht in Ewigkeit.

Oratio Omnípotens, ætérne Deus, qui in omni sancto glóriam tuam revélas, in commemoratióne sancti Maximiliáni lætítia corda nostra perfúnde et concéde, ut apérte vita nostra testificémur, quod ore confitémur. Per Dóminum nostrum Iesum Christum Fílium tuum, qui tecum vivit et regnat in unitáte Spíritus Sancti, Deus, per ómnia sǽcula sæculórum.

13. Oktober

Hl. Margareta Maria Alacoque

Ordensfrau

Siehe Stundenbuch III, S. 946.

16. Oktober

Hl. Hedwig

Herzogin

Gedenktag

Siehe Stundenbuch III, S. 944 f.

3. Sonntag im Oktober

In den konsekrierten Kirchen, die ihren eigentlichen Weihetag nicht feiern:

Jahrestag der Weihe der Kirchen die ihren Weihetag nicht feiern

Hochfest

Commune, Stundenbuch III, S. 995 ff. (Kirchweihe).

3. November

Sel. Rupert Mayer

Priester

Gedenktag

Priester der Gesellschaft Jesu (1876-1945); „Apostel Münchens“; selig gesprochen durch Papst Johannes Paul II. am 3. Mai 1987 in München; Grab in der Bürgersaalkirche in München.

Commune, Stundenbuch III, S. 1130 ff. (Hirten der Kirche).

LESEHORE

ZWEITE LESUNG

Julius Kardinal Döpfner († 1976)

Aus einer Predigt

„Selig, die hungern und dürsten nach der Gerechtigkeit; denn sie werden gesättigt werden.“
Wie paßt dieses Wort auf P. Rupert Mayer! Gott war in Wahrheit seine Leidenschaft, die ihn unbeirrbar in eine Richtung führte, ja trieb. Ihn erfüllte eine tiefe, männliche Liebe zu Gott. In seinem Lieblingsgebet finden wir immer wieder den einen Refrain: „Herr, wie – wann – was – weil du willst…“ Der

Herr und sein Wille war der Magnet dieses Lebens. „… denn sie werden gesättigt werden." Wir kennen das Sterben von P. Rupert Mayer. Er predigte im Anschluß an unser Evangelium über die Armen. Und dann sagte er mit letzter Stimme dreimal: „Der Herr – der Herr – der Herr." Das war für ihn die Erfüllung der Verheißung: „Sie werden gesättigt werden." Sein Leben lang fand er immer wieder Sättigung an der Begegnung mit Gott, nun aber erfuhr er die letzte Erfüllung gemäß dem Wort, das wir vorhin in der Lesung hörten: „Wir werden ihn sehen, wie er ist" (1 Joh 3,2).

„Selig, die barmherzig sind; denn sie werden Erbarmen finden."

Wollte man das bei P. Rupert Mayer darstellen, man käme an kein Ende. Immer hatte er die Antennen seines großen Herzens für alle Not der Menschen ausgestellt. Er war immer empfangsbereit und sprungbereit; ausschauend, um sich auf den Weg zu machen. So war er als Kriegspfarrer, der immer dort war, wo es am heißesten herging. Erbarmende Liebe treibt den Großstadtseelsorger, er sieht die Not. Er sieht die Not der Strafentlassenen, der arbeitenden Schichten, der Familien. Er gründet die Gemeinschaft der Schwestern von der Hl. Familie, er errichtet die Gottesdienste im Hauptbahnhof. Er spürt die geistige Verwirrung der Nachkriegsjahre, und so sieht man ihn in zahllosen Versammlungen, wo er sein klärendes Wort spricht. Der Beichtstuhl, die Sprechstunde beanspruchen einen großen Teil seines Tagewerkes. In diskreter, persönlicher Hilfe gibt er buchstäblich das Letzte weg. Er predigt, wo er gebraucht wird. Spricht zu seinen Männern der Kongregation und in den Pfarreien: Immer aus tiefem Glauben, in schlichter, zeitnaher, zupackender Weise.

„Selig, die um der Gerechtigkeit willen verfolgt werden; denn ihnen gehört das Himmelreich."

Auch und gerade hier ist P. Rupert Mayers Weg

vorbildhaft. Das Hinstehen um der gerechten Sache willen ist für ihn in allen Zeiten seines Lebens kennzeichnend. In der Nazizeit vollendet sich seine aufrechte Tapferkeit. Aber großartig ist dabei, wie er – genau im Geist der Bergpredigt – unterscheidet. Noch eines sollten wir nicht übersehen: Der Mann einer berstenden Aktivität trägt schwer daran, nicht mehr für die Menschen tätig sein zu dürfen. Da vollzieht sich in ihm eine Läuterung in die Tiefe hinein. In der Gefolgschaft seines gekreuzigten Herrn reift in ihm die noch größere Liebestat der Opferhingabe.

RESPONSORIUM

R Ich bezeuge den Glauben an den Herrn Jesus Christus und fürchte nichts. * Ich schäme mich des Evangeliums nicht.
V Ich will mein Leben gering schätzen, wenn nur das Wort verkündet wird. * Ich schäme mich des Evangeliums nicht.

Oration Gütiger Gott, du hast den seligen Priester Rupert zu einem standhaften Bekenner des Glaubens und selbstlosen Helfer der Armen gemacht; erwecke auf seine Fürsprache der Kirche neue, vorbildliche Verkünder des Glaubens, und schenke uns allen ein offenes Herz für die Nöte der Menschen. Darum bitten wir durch Jesus Christus, deinen Sohn, unseren Herrn und Gott, der in der Einheit des Heiligen Geistes mit dir lebt und herrscht in Ewigkeit.

Oratio Deus, qui beátum Rupértum presbýterum fortem fídei confessórem pauperúmque adiutórem fecísti, largíre quǽsumus, eius intercessióne, ut in Ecclésia tua prædicatóres exímii susciténtur, nobísque cor necessitátibus hóminum patens donétur. Per Dóminum nostrum Iesum Christum Fílium tuum, qui tecum vivit et regnat in unitáte Spíritus Sancti, Deus, per ómnia sǽcula sæculórum.

5. November

Hl. Martin von Porres

Ordensmann

Siehe Stundenbuch III, S. 972 f.

5. November

Sel. Bernhard Lichtenberg

Priester und Märtyrer

Bernhard Lichtenberg, geboren am 3. Dezember 1875 in Schlesien; 1900-1943 Seelsorger in Berlin. Er bezeugte den Glauben in Kirche und Gesellschaft zur Zeit der nationalsozialistischen Diktatur unter Einsatz seines Lebens bis zum letzten Atemzug; gestorben am 5. November 1943 in Hof/Saale auf dem Transport in das Konzentrationslager Dachau. Sein Grab befindet sich in der St.-Hedwigs-Kathedrale, Berlin.

Commune, Stundenbuch III, S. 1105 (Für einen Märtyrer), außer:

LESEHORE

ZWEITE LESUNG

Bernhard Lichtenberg († 1943)

Aus seinen Aufzeichnungen während der Haft.

Wir sollen alles im Lichte der Ewigkeit ansehen, beurteilen und danach handeln

Fange also an, meine Seele, am Morgen beim Erwachen langsam und bedächtig zu sagen: „Heut will ich alles im Lichte der Ewigkeit ansehen, alles, was mir widerfährt, Freudiges und Schmerzliches, Erhebendes und Niederdrückendes.“ Vielleicht werde ich schon nach einigen Wochen einen zweiten

Vorsatz hinzunehmen, ja hinzunehmen müssen, denn ich bin schon gewahr geworden, was mich hindert: Es ist meine Ungeduld. Also werde ich in Zukunft nach dem ersten Vorsatz langsam und bedächtig sagen: „Heute will ich meine Seele besitzen in meiner Geduld." Ich weiß, ich werde tausendmal die Geduld verlieren, aber ich werde immer wieder den Vorsatz der Geduld erneuern. Vielleicht werde ich nach einigen Monaten wissen, warum ich so schnell die Geduld verliere: Ich spreche zu schnell, das Herz liegt mir auf der Zunge, ich mache meinem Unwillen zu schnell Luft – und ich werde einen dritten Vorsatz hinzunehmen: „Heute will ich in keinem Wort sündigen." Und weil ein Wort immer einen Gedanken voraussetzt, werde ich den dritten Vorsatz so formulieren: „Heute will ich in keinem Gedanken und in keinem Wort sündigen." Jetzt scheint der Zirkel geschlossen. Jetzt werde ich ein paar Jahre nach diesem Rezepte handeln, und wenn ich merke, daß ich immer noch nicht „amor et deliciae"[1] meiner Umgebung, meiner Familie, meiner Kollegen geworden bin, da werde ich wieder einmal innehalten und der Sache noch tiefer auf den Grund gehen: „Wer und was hindert mich?" Und ich werde finden: Trotzdem und alledem, mir fehlt die rechte übernatürliche Gesinnung. Ich will mich bloß lieb Kind bei den Menschen machen und nicht beim lieben Gott. Ich möchte gern gelobt und anerkannt werden. Es ärgert mich, wenn ich getadelt, kritisiert, hämisch beurteilt werde, und so werde ich einen vierten Vorsatz hinzunehmen: „Heute will ich alles aus Liebe tun und alles aus Liebe leiden." Jetzt will ich ein paar Jahre treu nach diesem Rezepte handeln und dann sehen, wie weit ich komme, und der liebe Gott möge mich recht dabei in seine Kur nehmen. Und das tut der liebe Gott schon: „Wen der Herr liebt, den züchtigt er."[2] „Er schlägt mit der Rute jeden Sohn, den er gern hat."[3] Wie oft habe ich mich in der praktischen Seelsorge davon überzeugen können. In der St.-Michael-Gemeinde lag eine ganze Familie mit Ausnahme des Vaters, der ein schlichter Postbeamter war, auf dem Sterbebett: Mutter und drei Kinder; die jüngste Tochter erkrankte schwer am Tage nach der ersten hl. Kommunion. Monatlich empfingen alle vier die hl. Kommunion. Der älteste Sohn Georg starb zuerst, dann folgte die Mutter, dann die vierzehnjährige Tochter. Jetzt wartete der siebzehnjährige Franz auf den Tod, nachdem er gesehen hatte, wie die anderen starben. Aber wie erwartete er den Tod? Ich hatte ihm das Neue Testament mitgebracht, in dem er fleißig las. Als ich ihn einmal besuchte, rief mir Franz, der siebzehnjährige Berliner Jüngling, leuchtenden Auges, von seinem Krankenlager aus zu: „Bei all unserer Trübsal strömt unser Herz über vor Freude!“[4] Dieses paulinische Wort hatte es ihm angetan, das mußte er loswerden. So ist er gestorben.

[1] Anspielung auf den sel. Papst Innozenz XI. († 1689), den man „amor et deliciae generis humani“ nannte.
[2] Spr 3,12. [3] Hebr 12,6. [4] Vgl. 2Kor 7,4.

RESPONSORIUM

R Christus Jesus sitzt zur Rechten Gottes und tritt für uns ein. * Was kann uns scheiden von der Liebe Christi? Bedrängnis oder Not, Verfolgung oder das Schwert?

V All das überwinden wir durch den, der uns geliebt hat. * Was kann uns scheiden von der Liebe Christi? Bedrängnis oder Not, Verfolgung oder das Schwert?

Oration Gott und Vater aller Menschen, in Treue zu dir widerstand der selige Bernhard Lichtenberg ungerechter Gewalt. In den Tod getrieben, hat er als Märtyrer bereitwillig sein Leben eingesetzt für die Würde des Menschen. Laß auch uns stets nach deinem Willen fragen und dem Anruf unseres Gewissens folgen. Darum bitten wir durch Jesus Christus, deinen Sohn, unseren Herrn und Gott, der in der Einheit des Heiligen Geistes mit dir lebt und herrscht in Ewigkeit.

Oratio Deus, pater ómnium hóminum, qui beátum Bernárdum mártyrem tuum iniustítiæ atque violéntiæ resístere et tibi fidélem usque ad mortem manére fecísti, concéde, ut secúndum consciéntiæ nostræ mandátum, voluntáti tuæ semper obsequéntes, tui proximíque dilectiónis exémplum præbeámus. Per Dóminum nostrum Iesum Christum Fílium tuum, qui tecum vivit et regnat in unitáte Spíritus Sancti, Deus, per ómnia sǽcula sæculórum.

12. November
Hl. Arsacius

Arsacius war der Legende nach Bischof von Mailand und soll mit seinem Bruder die Reliquien der Heiligen Drei Könige von Kostantinopel in seine Bischofsstadt gebracht haben. Sein Grab befindet sich in Ilmmünster.

Commune, Stundenbuch III, S. 1194 ff. (Heilige Männer).

15. November
Hl. Marinus, Bischof, Märtyrer, und Hl. Anianus, Diakon
Glaubensboten

Bischof Marinus und sein Diakon Anianus wirkten und starben im 7. Jahrhundert bei Wilparting am Irschenberg. Marinus ist der erste bekannte Bischof im Raum der erst später gegründeten Diözese Freising. Von heidnischen Alpenslawen wurde er auf einem Scheiterhaufen verbrannt.

Commune, Stundenbuch III, S. 1130 ff. (Hirten der Kirche) oder S. 1080 ff. (mehrere Märtyrer).

LESEHORE

ZWEITE LESUNG

Augustinus († 430)

Aus einer Auslegung zu Psalm 120 (119).

Die Pilgerfahrt zum Berg Gottes

Kurz ist der Psalm und sehr nützlich, den wir eben singen hörten und auf den wir singend geantwortet haben. Ihr braucht euch nicht lange um das Hören zu mühen und nicht fruchtlos zu handeln.

Der Psalm ist, wie der Titel sagt, ein „Psalm der Stufen", im Griechischen steht: „Psalm der Aufstiege". Eine Stufe führt entweder nach unten oder nach oben. Die Stufen aber, von denen der Psalm spricht, bedeutet solche, die hinaufführen. So wollen wir denn im Emporsteigen Einsicht gewinnen. Wir wollen nicht mit den Füßen des Leibes auf die Suche nach Einsicht gehen, sondern wie es in einem andern Psalm heißt: „Aufstiege hat Gott in seinem (des Heiligen) Herzen gebaut, vom Tal der Tränen aus zu dem Ort hin, den er bereitet hat."[1] Aufstiege sagt er. Wo denn? „Im Herzen". Von wo aus? „Vom Tal der Tränen aus". Wohin man aber aufsteigt, das kann menschliche Sprache nicht erklären; vielleicht kann man es sich nicht einmal in Gedanken vorstellen. Ihr habt es eben gehört, als das Apostelwort gelesen wurde: „Was kein Auge gesehen und kein Ohr gehört hat, was keinem Menschen ins Herz gedrungen ist"[2].

Es ist keinem Menschen ins Herz gedrungen; das Herz des Menschen muss dorthin emporsteigen. Da es also kein Auge gesehen, kein Ohr gehört hat und da es in keines Menschen Herz gedrungen ist, wie könnte da der Psalmist sagen, wohin wir aufsteigen müssen? Also, weil es nicht gesagt werden kann, darum sagt er nur: „An den Ort, den er bereitet hat".

Was soll ich dir noch mehr sagen? meinte der

Mensch, durch den der Heilige Geist sprach. An einen Ort, der so oder so aussieht? Was immer ich sagen mag, du denkst an etwas Irdisches, du kriechst auf dem Boden, du bist aus Fleisch. Der Leib, der zugrunde geht, beschwert den Geist, das irdische Zelt belastet den vielsinnenden Geist[3].

Was soll ich sagen? Wer wird hören? Wer wird begreifen, wo wir nach diesem Leben sein werden, wenn wir im Herzen emporsteigen? Niemand! Darum hoffe auf einen unaussprechlichen Ort der Seligkeit, den Gott bereitet hat, der auch die Aufstiege in deinem Herzen gebaut hat.

Aber wo? „Im Tal der Tränen". Das Tal bedeutet die Demut, der Berg die Erhabenheit. Der Berg, zu dem wir empor pilgern wollen, ist im geistlichen Sinn erhaben. Und wer ist dieser Berg, zu dem wir emporsteigen, wenn nicht der Herr Jesus Christus? Er selbst schuf dir in seinem Leiden das Tal der Tränen, er selbst blieb für immer der Berg, zu dem wir aufsteigen.

Was ist das Tal der Tränen? „Das Wort ist Fleisch geworden und hat unter uns gewohnt."[4] Was ist das Tal der Tränen? „Er bot die Wange dem, der ihn schlug, und ließ sich sättigen mit Schmach."[5] Man gab ihm Backenstreiche, spie ihn an, krönte ihn mit Dornen und kreuzigte ihn. Das ist das Tal der Tränen, von dem aus du aufsteigen musst.

Aber wohin musst du emporsteigen? „Im Anfang war das Wort, und das Wort war bei Gott, und das Wort war Gott"[6]; denn dieses selbe „Wort ist Fleisch geworden und hat unter uns gewohnt". So ist er zu dir hinabgestiegen und blieb doch in sich. Er ist zu dir hinabgekommen, um für dich Tal der Tränen zu werden. Er blieb in sich, um für dich der Berg zu sein, zu dem du hinaufsteigen sollst. Jesaja sagt: „Am Ende der Tage wird es geschehen: Der Berg mit

[1] Ps 84,6-7afr. [2] 1 Kor 2,9. [3] Vgl. Weis 9,15.
[4] Joh 1,14. [5] Klgl 3,30. [6] Joh 1,1.

dem Haus des Herrn steht fest gegründet als höchster Berg."[7] Siehe da, wohin du hinaufsteigen musst.

[7] Jes 2,2.

RESPONSORIUM

R Jesus Christus war gehorsam bis zum Tod am Kreuz. * Darum hat ihn Gott über alle erhöht und ihm den Namen verliehen, der größer ist als alle Namen.
V Christus musste all das leiden, um so in seine Herrlichkeit zu gelangen. * Darum hat ihn Gott über alle erhöht und ihm den Namen verliehen, der größer ist als alle Namen.

LECTIO ALTERA

Augustinus († 430)

Ex enarratióne in Psalmum 119.

Brevis psalmus est et valde útilis, quem modo nobis cantátum audívimus et cantándo respóndimus. Non diu laborábitis in audiéndo nec infructuóse laborábitis in operándo. Est enim, sicut eius títulus prænotátur: „Cánticum Gráduum". Græce scriptum est ἀναβαθμῶν. Gradus vel descendéntium sunt vel adscendéntium; sed gradus quómodo in his psalmis pósiti sunt, adscendéntes signíficant. Intellegámus ergo tamquam adscensúri; nec adscensiónes pédibus corporálibus quærámus, sed sicut in álio Psalmo scriptum est: „Adscensiónes in corde eius dispósuit, in conválle ploratiónis, in locum quem dispósuit."[1] Dixit adscensiónes. Ubi? Id est: „in corde". Unde? „a conválle ploratiónis". Et iam quo adscendátur, tamquam déficit humánus nec explicári potest, forte nec cogitári. Audístis modo, cum apóstolus legerétur:

[1] Ps 83,6-7.

„Quos óculus non vidit, nec auris audívit, nec in cor hóminis adscéndit.“[2]

„In cor hóminis non adscéndit“; cor hóminis illuc adscéndat. Ergo quia „óculus non vidit, nec auris audívit, nec in cor hóminis adscéndit“; quómodo dici posset quo adscendéndum est? Ídeo cum dici non posset, ait: „In locum quem dispósuit“. Quid tibi plus dictúrus sum, ait homo per quem Spíritus Sanctus loquebátur? In locum talem, aut locum talem? Quidquid díxero, terrénum cógitas, humi repis, carnem portas; corpus quod corrúmpitur ággravat ánimam, et déprimit terréna inhabitátio sensum multa cogitántem.[3]

Cui loquar? Quis auditúrus est? Quis cápiet ubi érimus post hanc vitam, si in corde adscendérimus? Quia ergo nemo, spera áliquem ineffábilem beatitúdinis locum, quem tibi dispósuit qui adscensiónes etiam in corde tuo dispósuit.

Sed ubi? „In conválle ploratiónis“. Convállis humilitátem signíficat; mons celsitúdinem signíficat. Est mons quo adscendámus, spiritális quædam celsitúdo. Et quis est iste mons quo adscéndimus, nisi Dóminus Iesus Christus? Ipse tibi fecit patiéndo convállem ploratiónis, qui fecit manéndo montem adscensiónis.

Quid est vallis ploratiónis? „Verbum caro factum est et habitávit in nobis.“[4] Quid est vallis ploratiónis? „Præbuit percutiénti se maxíllam, saturátus est oppróbriis.“[5] Quid est vallis ploratiónis? Colaphizátus est, sputis illínitus, spinis coronátus, crucifíxus est. Hæc est vallis ploratiónis unde tibi adscendéndum est.

Sed quo adscendéndum est? „In princípio erat Verbum, et Verbum erat apud Deum, et Deus erat Verbum.“[6] Ipsum enim „Verbum caro factum est et habitávit in nobis“. Sic descéndit ad te, ut manéret in se: descéndit ad te, ut fíeret tibi convállis ploratiónis; mansit in se, ut esset tibi mons adscensiónis. „Erit“, inquit Isáias, „in novíssimis diébus manifés-

tus mons Domini, parátus in cacúmine móntium.“[7] Ecce quo ascendéndum est.

[2] 1 Cor 2,9. [3] Cf. Sap 9,15. [4] Io 1,14. [5] Lam 3,30. [6] Io 1,1. [7] Is 2,2.

Oration Herr, unser Gott, Gott unserer Väter, du hast den heiligen Bischof und Märtyrer Marinus und den heiligen Diakon Anianus weggerufen aus ihrem Land, aus ihrer Heimat und Verwandtschaft. Du hast sie in unser Land geführt, wo sie das Evangelium verkündeten. Auf ihre Fürsprache gib uns die Gnade, im Bekenntnis des Glaubens und in einem Leben der Liebe bis in den Tod gehorsam zu sein. Darum bitten wir durch Jesus Christus, deinen Sohn, unseren Herrn und Gott, der in der Einheit des Heiligen Geistes mit dir lebt und herrscht in Ewigkeit.

Oratio Dómine, Deus noster, Deus patrum nostrórum, qui sanctos Marínum epíscopum et mártyrem et Aniánum diáconum e terra, domo et cognatióne vocásti et in terram nostram duxísti, ut evangélium prædícent, da nobis eórum protectióne, ut in fídei confessióne et in actuósa caritáte fidéles simus usque ad mortem. Per Dóminum nostrum Iesum Christum Fílium tuum, qui tecum vivit et regnat in unitáte Spíritus Sancti, Deus, per ómnia sǽcula sæculórum.

20. November

Hl. Korbinian

Bischof in Freising, Glaubensbote

Hauptpatron der Erzdiözese München und Freising

Hochfest

Der erste Bischof in Freising und Hauptpatron der Diözese kam aus der Gegend von Paris nach Bayern. Auf Wunsch des Papstes Gregor II. ging er um 724 nach Freising. Seine

Mönchsgemeinschaft bildete die Brücke zum Freisinger Bistum, das Bonifatius 739 gründete. Korbinian ist um 730 gestorben.

Commune, Stundenbuch III, S. 1130 ff. (Hirten der Kirche), außer:

ERSTE VESPER

HYMNUS (Zur Wahl)

Deiner hohen Herrlichkeit
lass den Preis uns singen,
großer Bischof, Sankt Korbinian!
Sieh, das Land, das dir geweiht,
überströmt in Freude heut:
Nimm sein Loblied an!

Gnade, Kraft und Geistesglut
unserm Bischof schenke,
guter Hirte, Sankt Korbinian!
Unversehrt in treuer Hut
wahr er deines Bistums Gut:
Zeig den Weg ihm an!

Steh den Priestern bei,
die Gott und sein Heil uns künden,
Hoherpriester, Sankt Korbinian!
Dass sie Jesu Wort und Brot
reichen aller Menschennot:
Führ sie gnädig an!

Sei uns hilfreich zugewandt
und erhalt uns in der Liebe,
guter Vater, Sankt Korbinian!
Knüpfe neu der Einheit Band,
bitt um Frieden für das Land,
heil'ger Gottesmann!

Und entfach des Glaubens Kraft
in den jungen Herzen,
großer Führer, Sankt Korbinian!
Lös uns aus des Bösen Haft,
gib uns Mut zur Zeugenschaft:
Zünd den Geist uns an!

FÜRBITTEN

Lasst uns beten zu Jesus Christus, dem Hirten seines Volkes:

R Herr, komm deinem Volk zu Hilfe.

Du hast unserm Bistum den heiligen Korbinian als treuen Hirten geschenkt;
– sende deinen Gläubigen allezeit gute Seelsorger.

Du hast den heiligen Korbinian durch den Auftrag des Papstes zu unsern Vätern gesandt;
– halte unser Bistum in lebendiger Verbindung mit dem Apostolischen Stuhl von Rom.

Durch die Predigt des heiligen Korbinian hast du uns zu deinem Volk gemacht;
– erhalte den christlichen Glauben in unserer Heimat lebendig.

Du hast dem heiligen Korbinian unerschütterlichen Mut zum Kampf gegen alles Unrecht gegeben;
– gib denen, die unser Land regieren, den Geist der Gerechtigkeit und des Friedens.

Du bist der ewige Lohn deiner Getreuen;
– schenk unsern verstorbenen Seelsorgern und allen Gläubigen das ewige Leben.

Vater unser.

Oration Allmächtiger, ewiger Gott, in deiner gütigen Vorsehung hast du den heiligen Korbinian auserwählt, als Bischof die Kirche von Freising zu begründen. Du machtest sein Herz mild in der Liebe zu den Kleinen, aber seine Stirn hart gegen die Sünde der Großen. Schenke uns Liebe in der Gerechtigkeit und Gerechtigkeit in der Liebe. Darum bitten wir durch Jesus Christus, deinen Sohn, unseren Herrn und Gott, der in der Einheit des Heiligen Geistes mit dir lebt und herrscht in Ewigkeit.

Oratio Omnípotens, ætérne Deus, qui in benígna providéntia tua fundaméntis Ecclésiæ Frisingénsis iacéndis sanctum Corbiniánum epíscopum elegísti eíque cor mite dedísti amóre parvórum plenum et frontem duram in peccátis impugnándis magnórum, da nobis propítius in iustítia amórem et in amóre iustítiam. Per Dóminum nostrum Iesum Christum Fílium tuum, qui tecum vivit et regnat in unitáte Spíritus Sancti, Deus, per ómnia sǽcula sæculórum.

LESEHORE

ZWEITE LESUNG

Arbeo von Freising († 782)

Aus der Lebensbeschreibung des heiligen Korbinian.

Der ehrwürdige Papst (Gregor) hörte die Worte des Gottesmannes. Er erkannte, wie sein Herz in glühendem Eifer für den Dienst Gottes brannte; er sah sein edles Antlitz. Obwohl er klein von Gestalt war, zeigten die Glieder den Adel seiner Abkunft. Korbinian war ein redegewandter Mann, hervorragend an Freundlichkeit. Seine Lebensführung hob ihn ab von den andern. Schnell konnte er in Zorn geraten, wo er auf Laster traf; doch zögerte er nicht zu verzeihen, wenn einer sich besserte. Immer war er tätig bei der Arbeit, bemüht um das Gebet, ein Vorbild beim Psalmengesang, häufiger Teilnehmer an den

Nachtwachen. Doch was soll ich von ihm noch weiter sagen: er ist einfach allen alles geworden[1]. Wie das Manna dem Hebräervolk auf seinem Wüstenzug für jeden Gaumen je nach Erwartung seinen eigenen Geschmack hatte, so auch der Gottesmann Korbinian: Erfüllt vom Heiligen Geist, passt er sich jedem Geschlecht und Alter an und gab so durch sein Bemühen allen das Beispiel eines tugendhaften Lebens.

Der genannte Heilige Vater bedachte dies und hielt Rat mit seiner Umgebung: Man sollte ein solches Licht nicht unter den Scheffel stellen, sondern auf den Leuchter, um so das Zeugnis für die Wahrheit zu kräftigen; alle im Haus sollten von seinen Strahlen getroffen werden. Bischofsamt und Bischofswürde sollten ihm gegeben werden aufgrund der Autorität des heiligen Petrus; der Hirtenstab, den er bislang geistlich geführt hatte, solle ihm zur Vollendung seines Werkes nun auch in die Hand gegeben werden.

Als das Ende des Gottesmannes nahte und sein Leben sich wandeln sollte, wusste er um den Zeitpunkt seines Heimganges. Er schickte deshalb seinen leiblichen Bruder nach Italien zum Stammesfürsten, dass er ihm das Erbe nicht nehme und dass Anweisungen gegeben werden, seinen Leib zur Bestattung beim heiligen Valentin anzunehmen, wie er dies dort schon zu Lebzeiten bestimmt hatte. Diese Orte standen damals nämlich unter der Herrschaft der Langobarden. Dies alles ließ Korbinian acht Tage vor seinem Heimgang besorgen.

Als dann der Tag seines Heimgangs nahte, ließ er sich das Bad zubereiten; er wusch sich wie immer den Leib, ließ die Haare schneiden, legte sein Gewand an und brachte wie immer Gott das Opfer dar. So empfing er die Wegzehrung aus eigener Hand. Nachdem er in der Messfeier Christi herrlichen

[1] Vgl. 1 Kor 9,22.

Leib empfangen hatte, ging er nach Haus und ließ sich Wein bringen. Er ergriff den Becher und nahm einen kleinen Schluck. Dann gab er dem Diener den Becher zurück. Ohne jedes Anzeichen von Schmerz prägte er sich das Zeichen des Heils auf die Stirn und beschloss damit sein Leben. Von seinen Leuten wurde er zur Bestattung in die Kirche der seligen Gottesmutter Maria gebracht, in einem Begräbnis, das eines solchen Vaters würdig war, den sie verloren hatten.

RESPONSORIUM

R Komm, du guter und treuer Knecht, du bist im Kleinen ein treuer Verwalter gewesen, darum will ich dir Großes übertragen. * Komm, nimm teil an der Freude deines Herrn.

V Herr, fünf Talente hast du mir gegeben; siehe, ich habe noch fünf dazu gewonnen. * Komm, nimm teil an der Freude deines Herrn.

LECTIO ALTERA

Arbeo Frisingensis († 782)

Ex Vita Corbiniáni Epíscopi Baiuvariórum.

Venerábilis namque et prænotátus papa viri Dei cum audísset verba, illíus non ignárus sensus quibus zelis accénsis in deíficum fervebátur opus, honestátem contemplabátur vúltui, formam pusíllam; membra tamen nobilitátis demonstrabántur oríginem. Erátque vir facundíssimus et humanitáti præcípuus, conversatióne inter omnes præclárus, corde contra vítia ad irascéndum velox, ad ignoscéndum convérsis non piger, operatióne déditus, oratióne studiósus, psalmodíæ præclárus, vigíliis frequens. Sed quidnam ex eo dicéndum est, qui ómnia ómnibus fuísse non dúbium [1]. Sicut manna Ebreórum pópulo per desértum gradiénti secúndum ánimi voluntátem divérsis fáucibus divérsum reddébat sapórem, ítaque vir Dei Spíritu Sancto replétus, unicúique se cóngruens séxui vel ætáti, ut per conversatiónis stúdium osténdere quivísset exémpla virtútum. Sed hæc vir sanctíssimus íntuens apostólicus iam supérius prænotátus, cœpit cum suis inhíre consílium, ut ne tot luminis fulgórem sub módium pónere deberétur, sed veritátis supra candelábrum conprobáre testimónium, ut ab eo inradiántur ingréssi, et ei sacerdotálem ex auctoritáte beáti Petri darétur honórem et virgam pastorális regímine, quam utebátur mente, ad perfectiónem óperis eius mánibus potestáti.

Cumque éxitus viri Dei adpropinquásset, ut vitam mutáre debuísset, témpore migratiónis non ignárus, suum carnálem Itáliæ diréxit fratrem ad totíus príncipem genti, ne ab ipso patrimónium ab eo auférret, et suum recípere sepultúræ præciperétur corpúsculum, quem idem beáto Valentíno deputávit vivus, quia eósdem castros dominabántur in témpore Longobárthi. Hoc octábo ante óbitum suum mandáre curávit die.

Veniénte iam éxitus suæ die, bálneum præparáre iussit, ex more ábluens corpus, capíllos totóndi curávit, veste indútus, sacrifícium ex more óbtulit Deo, viáticum própriis recípiens mánibus. Missárum conpléta sollémnia, domum ingréssus, post tanti Christi perceptióne córporis vinum dedúci iussit; accépto cálice, módicum sumpsit. Eum propinatóri mánibus depónans, nihil dolóris símulans, signum salútis cápiti pressit et vivéndi finem fecit. Qui a minístris in beátæ Dei genítricis Maríæ ecclésiæ tráditus est sepultúræ, fúnere ingénti tanti amissiónis patris.

[1] Cf. 1 Cor 9,22.

LAUDES

Benedictus-Ant. Gott sei gepriesen in seinen Heiligen. Wo das Wort der Predigt nicht genügt, geben sie das Beispiel der Liebe durch Gottes Kraft.

In suis glorificátus Deus sit sanctis, ut, ubi verbum non súfficit prædicántis, exémpla præbeant amóris, quæ operátus est vitæ auctor in iustis.

BITTEN

Gepriesen sei Jesus Christus, der Gute Hirt, der sein Leben hingegeben hat für die Seinen. Zu ihm lasst uns beten:

R Herr sei du der Hirte deines Volkes.

Im Wirken des heiligen Korbinian hast du deine Liebe unter uns sichtbar gemacht;
– lass unser Bistum auf seine Fürbitte auch heute dein Erbarmen erfahren.

Durch den heiligen Korbinian hast du den Glauben in unserer Heimat erneuert und gereinigt;
– schenke auf seine Fürsprache auch uns die Gnade der Umkehr.

Durch den Dienst des heiligen Korbinian hast du dich der Armen und Unterdrückten angenommen;
– schenke uns auf seine Fürsprache die Kraft, den Schwachen beizustehen.

Durch die Predigt und das Beispiel des heiligen Korbinian hast du vielen den Weg zum Himmel gewiesen;
– hilf uns auf seine Fürsprache diesen Weg zu finden.

Vater unser.

Oration Allmächtiger, ewiger Gott, in deiner gütigen Vorsehung hast du den heiligen Korbinian auserwählt, als Bischof die Kirche von Freising zu begründen. Du machtest sein Herz mild in der Liebe zu den Kleinen, aber seine Stirn hart gegen die Sünde der Großen. Schenke uns Liebe in der Gerechtigkeit und Gerechtigkeit in der Liebe. Darum bitten wir durch Jesus Christus, deinen Sohn, unseren Herrn und Gott, der in der Einheit des Heiligen Geistes mit dir lebt und herrscht in Ewigkeit.

Oratio Omnípotens, ætérne Deus, qui in benígna providéntia tua fundámentis Ecclésiæ Frisingénsis iacéndis sanctum Corbiniánum epíscopum elegísti eíque cor mite dedísti amóre parvórum plenum et frontem duram in peccátis impugnándis magnórum, da nobis propítius in iustítia amórem et in amóre iustítiam. Per Dóminum nostrum Iesum Christum Fílium tuum, qui tecum vivit et regnat in unitáte Spíritus Sancti, Deus, per ómnia sǽcula sæculórum.

ZWEITE VESPER

Alles wie in der Ersten Vesper, S. 95.

12. Dezember
Sel. Hartmann
Bischof

Um 1090 geboren, trat Hartmann in das Augustiner-Chorherrenstift St. Nikola zu Passau ein und wirkte ab 1122 nacheinander als Domdekan in Salzburg, als Propst auf Herrenwörth im Chiemsee und als Propst im neugegründeten Klosterneuburg. An allen Orten hatte er die Aufgabe, das gemeinsame Leben einzurichten oder wieder herzustellen. Hierbei wirkte er besonders durch sein

Vorbild. 1140 wurde er Bischof von Brixen. Als solcher erneuerte er das religiöse Leben in der Diözese und gründete des Kloster Neustift bei Brixen, in das er sich später zurückzog. Er starb am 23. Dezember 1164.

Commune, Stundenbuch I, S. 946 ff. (Hirten der Kirche, Bischöfe).

LESEHORE

ZWEITE LESUNG

Unbekannter Verfasser (12. Jahrhundert)

Aus einer Vita des heiligen Hartmann

Das Leben des Seligen ist wie ein Spiegel

Man soll nicht meinen, dass der selige Hartmann rein zufällig so oft den Ort seiner Tätigkeit wechseln musste, wie seine Lebensbeschreibung erzählt. Vielmehr schulte ihn Gott dadurch für jene Kirche, die ihm zugedacht war und in der er sagen konnte: Das ist für immer der Ort meiner Ruhe.[1] Denn während Hartmann sich äußerlich von einem Ort zum andern bewegte, schritt er innerlich von Tugend zu Tugend fort.[2] Eine Zeit lang betrachtete er sich nirgends als Bürger und Hausgenossen, sondern überall als Fremden und Pilger, gleichsam als Gast für eine einzige Nacht.[3]

Er feierte täglich mit großer Andacht die heilige Messe, außer es hinderte ihn Krankheit daran; dabei flehte er unter Tränen den Segen des Himmels auf sein Ganzopfer herab. Er säte eifrig unter Tränen, was er nun mit Jubel erntet, und einst wird er mit Jubel kommen und seine Garben darbringen.[4] Durch Predigt und Gebet mehrte er die Ernte für seinen Herrn, so dass wir mit Recht glauben dürfen, dass er an der Freude seines Herrn teilnimmt.[5]

Im Gespräch war er milde und maßvoll. Er kehrte davon gerne in das Stillschweigen zurück, wissend,

dass die Gerechtigkeit im Stillen zu finden ist[6] und dass es gut ist, schweigend auf die Hilfe des Herrn zu harren.[7]
Hartmann hieß er nicht etwa, weil er ein hartes oder strenges Wesen besessen hätte, sondern weil er ein gesetzter Mann und in der Beobachtung der Weisungen Gottes unbeugsam war, so dass er vom geraden Weg weder nach rechts noch nach links abwich. Der selige Hartmann war so vom Strahl der göttlichen Gnade durchdrungen und von allen Tugenden erfüllt, dass uns sein Leben gleichsam als Spiegel dienen kann. Wer sein eigenes Leben damit vergleicht, der erkennt, worin er dem ewigen König gefällt oder missfällt.

[1] Ps 132,14. [2] Vgl. Ps 84,8. [3] Vgl. Jer 14,8 f. [4] Vgl. Ps 126,5 f. [5] Vgl. Mt 25,20-23. [6] Vgl. Jes 32,17. [7] Klgl 3,26.

RESPONSORIUM

R Eure Lenden seien umgürtet, und brennende Lampen in euren Händen. * Ihr sollt Menschen gleichen, die ihren Herrn erwarten, wenn er von der Hochzeit zurückkommt.
V Seid also wachsam! Denn ihr wisst nicht, wann der Herr kommt. * Ihr sollt Menschen gleichen, die ihren Herrn erwarten, wenn er von der Hochzeit zurückkommt.

Oration Allmächtiger Gott, wir ehren den seligen Bischof Hartmann, den du uns als Lehrer und Fürsprecher gegeben hast. Wir bitten dich: Erhalte in uns den Glauben lebendig, den er unermüdlich gepredigt hat, und hilf uns, diesen Glauben durch Taten der Liebe zu bezeugen. Darum bitten wir durch Jesus Christus, deinen Sohn, unseren Herrn und Gott, der in der Einheit des Heiligen Geistes mit dir lebt und herrscht in Ewigkeit.

Oratio Omnípotens ætérne Deus, qui beátum Hartmánnum epíscopum Ecclésiæ tuæ sanctæ dedísti, præsta, ut, quod ille divíno affátus spíritu dócuit, nostris iugiter stabiliátur in córdibus, et, quem patrónum, te donánte, ampléctimur, eum apud tuam misericórdiam defensórem habeámus. Per Dóminum nostrum Iesum Christum Fílium tuum, qui tecum vivit et regnat in unitáte Spíritus Sancti, Deus, per ómnia sǽcula sæculórum.

(MR [3]2002, Commune pastorum: II. Pro episcopo 2, S. 930)

16. Dezember

Hl. Sturmius

Abt

Sturmius, Abt im Kloster Fulda, stammte aus dem Raum der Diözese Freising und war Gefährte des hl. Bonifatius. Nach harter Missionsarbeit unter den Sachsen starb er 779 in Fulda.

Commune, Stundenbuch I, S. 1244ff. (Ordensleute).

LESEHORE

ZWEITE LESUNG

Eigil von Fulda († 822)

Aus der Lebensbeschreibung des heiligen Sturmius.

Die Gründung des Klosters Fulda

Der heilige Sturmius nahm sieben Brüder mit sich und begab sich an den Ort, an dem sich nun das heilige Kloster erhebt. Am 12. März des Jahres 744 nach der Menschwerdung Christi betrat er den heiligen und von Gott schon lange vorherbestimmten Platz. Dann flehten sie zu Christus, dem Herrn, er möge diesen Ort allzeit beschützen und mit seiner unbe-

siegbaren Macht beschirmen. Bei Tag und Nacht dienten sie dem Herrn durch Psalmengesang und Fasten, durch Nachtwachen und Gebet; sie gingen daran, mit eigenen Händen den Wald zu schlagen und den Platz zu säubern.

Als zwei Monate vergangen waren, kam der ehrwürdige Erzbischof Bonifatius mit einem großen Aufgebot von Leuten zu ihnen. Als er alle günstigen Eigenschaften jenes Ortes gesehen hatte, freute er sich im Heiligen Geist und sagte Christus Lob und Dank, dass er seinen Dienern in der Einöde einen solchen Wohnplatz angewiesen hatte. Den Leuten aber, die mit ihm gekommen waren, trug er auf, an dem Ort, an dem er gemeinsam mit den Dienern Gottes eine Kirche zu bauen beschlossen hatte, alle Bäume und Sträucher zu roden.

Im nächsten Jahr kam der heilige Bischof wiederum zu seinem neuen Kloster, das man damals bereits nach dem benachbarten Fluß Fulda zu nennen begonnen hatte. Er besuchte und begrüßte die Brüder und blieb ein paar Tage bei ihnen; in diesen Tagen bemühte er sich, seine neuen Mönche auszubilden. Bald darauf führte er mit Sturmius ein Gespräch unter vier Augen, in dem er ihn belehrte, wie er die übrigen zu leiten habe. Dann reiste er wieder ab. So pflegte der Bischof sie oft zu besuchen.

In der Folgezeit erwachte in den Brüdern der Wunsch, die Regel des heiligen Vaters Benedikt lückenlos zu beobachten. Darum fassten sie den klugen Entschluss, es sollten einige von ihnen zu den anderswo bestehenden großen Klöstern geschickt werden, um die rechte Eintracht unter den Brüdern und ihre regeltreue Lebensart auf vollkommene Weise zu erlernen. Als man dies dem heiligen Bischof meldete, lobte dieser ihren umsichtigen Plan und beauftragte den eifrigen Sturmius mit dessen Durchführung. Dieser traf die Reisevorbereitungen, nahm zwei Brüder mit sich und reiste nach Rom. In jenem Land suchte er alle Klöster auf und informierte sich überall eingehend über den Lebenswandel der dortigen Brüder und die Überlieferungen der Klöster. So blieb er ein ganzes Jahr in jenen Klöstern. Im zweiten Jahr kehrte er zurück, erfüllt von den Tugendbeispielen, die er gesehen hatte, und begab sich zunächst zum Bischof Bonifatius. Der Bischof war hocherfreut, ihn wiederzusehen, und dankte dem Herrn für seine Rückkehr. Und da er erkannte, dass Sturmius mit klugem Sinn die Zucht der Mönche studiert hatte, sprach er: „Geh und richte, so gut du es vermagst, das neue Kloster Fulda nach dem Vorbild der Mönche ein, deren Lebensart du dort kennengelernt hast." Ohne Zögern machte sich der heilige Sturmius auf, und nachdem er den Bischof um seine Fürbitte gebeten hatte, zog er zur Einöde, wo er nach drei Tagen zur Freude seiner Brüder eintraf. Da legte er ihnen in klugen Worten dar, was er in Italien und in den Klöstern der Provinz Tuszien von den gottgeweihten Vätern erlernt hatte und zeigte es ihnen zugleich durch sein eigenes Beispiel. Denn in allem, was er den Brüdern vorschrieb, übte er sich zuvor sorgfältig selber, damit niemand ihm vorhalten konnte: Warum befolgst du selbst nicht, was du lehrst?

Da brach in den Brüdern ein unbändiger Eifer auf, sich mit allen Kräften an dem auszurichten, was ihnen von dem Vorbild der Heiligen gesagt oder gezeigt worden war. Und sie befolgten in allem die Regel des heiligen Benedikt, die sie zu halten gelobt hatten.

RESPONSORIUM

R Herr, umschirme diese Stadt und lass deine Engel ihre Mauern bewachen. * Erhöre dein Volk in deinem Erbarmen.

V Herr, wende deinen Zorn ab von deinem Volk und von deiner heiligen Stadt. * Erhöre dein Volk in deinem Erbarmen.

LECTIO ALTERA

Eigilus Fuldensis († 822)

Ex vita sancti Stúrmii abbátis.

Beátus Stúrmius, assúmptis frátribus secum septem, commigrávit ad locum ubi nunc sanctum situm est monastérium, et anno incarnatiónis Christi septingentésimo quadragésimo quarto, mense primo, duodécimo die mensis, sanctum et a Deo dudum prædestinátum ingréssus est locum, Dóminum Christum illum semper tuéri et sua invícta poténtia defendi implorábant; sanctis Dómino psalmódiis et ieiúniis vigilíisque et oratiónibus diu noctúque famulántes, silvas cǽdere et locum mundáre próprio labóre studébant.
Explétis autem duóbus ménsibus, venerándus ad eos archiepíscopus Bonifátius congregáta hóminum multitúdine perréxit; conspéctis cunctis loci illíus cómmodis, in Spíritu Sancto exsultábat, grates Christo reférens et laudes, quod servis suis talem in éremo tribúere dignátus est habitatiónem. Homínibus vero qui cum eo venérunt, in locum, ubi ei et servis Dei páriter cum eo visum est ecclésiam pónere, silvas et frutécta quæque cǽdere imperávit.
Áltero autem anno sanctus epíscopus ad novéllum cœnóbium pervénit, suum, quod iam tunc propter meátum flúminis Fulda vocári inchoáverat, visis frátribus salutatísqua penes complúres explévit dies, in quibus novéllos mónachos suos instrúere curávit. Post non multum, secréte hábito cum Stúrmio collóquio quo quáliter præésse céteris debéret dócuit, inde proféctus est. Sic vero solébat sæpe illos visitáre epíscopus.
Porro cum fratres régulam sancti patris Benedícti inhiánter observáre desiderássent, consílium útile iniérunt, quátenus áliqui ex ipsis ad magna alícubi mitteréntur monastéria, ut fratrum ibi concórdiam et conversatiónem regulárem perfécte díscerent.

Quod cum sancte fuísset indicátum epíscopo, prudens illorum collaudávit consílium et hanc legatiónem studióso Stúrmio iniúnxit. Qui præparátis itíneris necessáriis assúmptis secum duóbus frátribus, Romam proféctus est atque in illa terra cunctis monastériis lustrátis et ómnium mores ibi fratrum consisténtium traditionésque monasteriórum ad plenum discens, intégrum annum apud illa cœnóbia persévérans, secúndo inde anno, replétus quibus víderat virtútibus regréssus est et ad epíscopum Bonifátium perréxit. Quo viso nímium epíscopus gavísus est, Dómino advéntus sui grátias reférens. Et dum eum prudénter disciplínas monachórum reférre agnóvit: Vade, inquit, et novéllum monastérium Fúldam ad instar monachórum quorum ibi vitam contemplátus es, quantum quíveris, instítuas. Statim vir beátus Stúrmius, petíta ab epíscopo oratióne, perréxit ad éremum, gratúsque suis ad vidéndum frátribus die quarto advénit, quibus ea quæ in Itáliæ pártibus et Túsciæ províncæ monastériis a sanctis pátribus didícerat, et verbis prudéntibus prompsit et exémplis in semetípso monstrávit. In omni enim disciplína quam frátribus propósuit, prius semetípsum exercére curávit, ne forte quiápiam de illo dícere potuísset: Cur hæc doces ipse non facis?
Desidérium tunc ingens ínerat frátribus, ad ómnia quæ eis dicta vel osténsa fúerant sanctórum exémplis, semetípsos toto annísu aptáre, et régulam sancti Benedícti quam se implésse promíserant, ad ómnia observábant.

Oration Allmächtiger Gott, der heilige Abt Sturmius lehrt uns, das Leben nach dem Evangelium zu gestalten. Hilf uns, in dem wechselnden Vielerlei dieser Welt mit ganzem Herzen auf das bedacht zu sein, was in Ewigkeit bleibt. Darum bitten wir durch Jesus Christus, deinen Sohn, unseren Herrn und Gott, der in der Einheit des Heiligen Geistes mit dir lebt und herrscht in Ewigkeit.

Oratio Da nobis, quǽsumus, Dómine, inter mundi húius varietátes toto corde rebus cæléstibus adhærére, qui per sanctum Stúrmium abbátem evangélicæ nobis perfectiónis documénta donásti. Per Dóminum nostrum Iesum Christum Fílium tuum, qui tecum vivit et regnat in unitáte Spíritus Sancti, Deus, per ómnia sǽcula sæculórum.

ALPHABETISCHES VERZEICHNIS ZU DEN LESUNGEN DER KIRCHENVÄTER UND KIRCHLICHEN SCHRIFTSTELLER

Die Lesungen sind – wie in der Liturgia horarum – teilweise gekürzt und neu zusammengefügt. Übersetzer werden, gemäß der Tradition der Liturgiebücher, namentlich nicht aufgeführt.

ISBN 978-3-943135-59-6
2., erweiterte Auflage

www.michaelsbund.de

Gesetzt in der DTL Documenta
Layout und Satz: Rudolf Kiendl, München
Herstellung: Friedrich Pustet GmbH & Co. KG, Regensburg